ふわふわマフィンと くるくるスコーン

今井ようこ

CONTENTS

4 — はじめに
6 — 材料と道具について

豆腐で作るマフィン *tofu muffins*

【 TOFU MUFFINS ／ 基本の作り方 】

10 — ブルーベリーのマフィン

◇ プレーン生地

12 — いちごとチョコチップのマフィン
14 — レモンとホワイトチョコのマフィン
16 — チェリーとミントのマフィン
17 — ぶどうのマフィン
18 — いちじくのマフィン
18 — くるみとチョコチャンクのマフィン
20 — りんごと紅茶のマフィン
22 — 柿とピーカンナッツのマフィン
23 — 紅茶とスパイスのマフィン
24 — コーヒーのマフィン

◇ バナナ生地

26 — バナナと黒糖のマフィン
28 — バナナとラズベリーのマフィン
29 — バナナとクランベリーのマフィン
30 — バナナとアプリコットのマフィン

◇ ココア生地

32 — トリプルチョコのマフィン
34 — ココアとバナナのマフィン
35 — ココアとブルーベリーのマフィン

◇ その他の生地

36 — ジンジャーとメープルのマフィン
38 — コーングリッツとローズマリーのマフィン
40 — かぼちゃとココアのマーブルマフィン
42 — 小麦ふすまとラムレーズンのマフィン

◇ セイボリー生地

44 — ミニトマトとオリーブのセイボリーマフィン
46 — 紫玉ねぎとチーズのセイボリーマフィン
46 — アボカドとクリームチーズのセイボリーマフィン

48 — マフィンのトッピング

くるくるスコーン scone rolls

【 SCONE ROLLS ／ 基本の作り方 】

52 — ジャムのロールスコーン

◎ シンプル

54 — シナモンシュガーのロールスコーン
56 — 黒糖とナッツのロールスコーン
57 — バナナとピーナッツバターのロールスコーン
58 — クランベリーとピーナッツバターのロールスコーン

◎ あんこ

60 — あんことシナモンナッツのロールスコーン
62 — あんこといちごのロールスコーン

◎ アーモンドクリーム

64 — アーモンドクリームとチョコチップのロールスコーン
66 — アーモンドクリームと紅茶のロールスコーン
68 — ココアのアーモンドクリームとラズベリーのロールスコーン
68 — ココアのアーモンドクリームとココナッツのロールスコーン
70 — 抹茶のアーモンドクリームとホワイトチョコチップのロールスコーン
70 — 抹茶のアーモンドクリームとラムレーズンのロールスコーン

◎ クリームチーズ

72 — クリームチーズとコーヒーのロールスコーン
74 — クリームチーズとジャムのロールスコーン

◎ セイボリー

76 — 香菜、ごま、しょうがのセイボリーロールスコーン
78 — ハーブとチーズのセイボリーロールスコーン

この本の使い方

- 材料の分量は正味量です。くだものや野菜は、皮や種など、通常は不要とされる部分を取り除いてから計量、調理してください。皮をつけたまま使用する場合は明記してあります。
- レモンやオレンジの皮は農薬・ポストハーベスト不使用のものを使ってください。
- 生地に混ぜる（巻く）ナッツ類はロースト済みのものを使用。ローストされていない場合は130℃に予熱したオーブンで10分ほど（アーモンドスライスは5～6分）焼いてください。焼く前にのせるトッピングのナッツ類はローストされていないものでも問題ありません。
- オーブンは電気コンベクションオーブンを使用しています。焼成温度、時間は機種により異なりますので、様子を見ながら焼いてください。オーブンの火力によって焼成温度は10℃上げたり、10℃下げたりして調整してください。ガスオーブンの場合は10℃下げたほうがよいです。
- 大さじ1は15ml、小さじ1は5mlです。

はじめに

　ある日、スコーンを作ろうと生地を混ぜていたのですが、どうにもこうにもまとまりが悪い。どうやら配合を間違えていたようで、もういいやと冷蔵庫にあったあんこをくるんでなんとなく焼いてみたところ、たまたまおいしくできたのが「くるくるスコーン」の始まりでした。ふとした偶然が、この複雑で豊かな食感を持つ新しいお菓子を生み出したのです。

　マフィンを豆腐で作ってみようと思ったのは、お菓子の生地をもっとふんわりとさせる方法を考えていたときでした。豆腐がなくてもふんわりとはするのですが、豆腐があったほうが、しっとり感が持続したのです。特に豆腐とマフィン生地は相性がよく、いろいろなバリエーションを作るようになりました。卵もバターも入っていないのに、こんなにもふんわりとするお菓子は、なかなかないのではないかと自負しています。

　ともに難しいプロセスはほとんどありません。基本的には粉類と液体類を混ぜ合わせて焼くだけです。一般的なお菓子とは生地の質感が少々異なるので、最初のうちは慣れが必要かもしれませんが、こつを掴んでしまえばあとは問題なく作れると思います。シンプルで、故に滋味深く、そして加えるくだものなどのプラスアルファのおいしさが際立つことでしょう。

　本書で紹介するマフィンもスコーンも、包容力のある生地です。これらのレシピ以外にも、生地、フィリング、トッピングなど、さまざまに変えて楽しめることでしょう。ぜひとも好みの組み合わせで、自由自在にアレンジして作っていただけたらと思います。

今井ようこ

材料について

薄力粉

製菓用の「ファリーヌ」を使用。ふんわり軽い口当たりになる。ほかの薄力粉を使う場合は、たんぱく質が100gあたり8〜9%のものを選ぶとよい。

全粒薄力粉

小麦の表皮や胚芽ごと粉にしたもの。栄養があり、小麦本来の風味が楽しめる。ひき方が細かいものと粗いものがあるが、必ず細かいものを使うこと。粗いものは生地が水っぽくなることがある。

アーモンドパウダー

アーモンドを粉末にしたもの。豊かな風味とこくが加わり、しっとりとした食感に仕上がる。マフィンの生地、クランブル、スコーンのアーモンドクリームに使用。

ベーキングパウダー

生地を膨らませ、ふっくらと焼き上げるために使う。水分が加わると炭酸ガスが発生するので、水分と合わせたら手早く作業し、すぐに焼成すること。アルミニウムフリーのものを使用。

てんさい糖

北海道で生産される、てんさい（ビート）を原料とした甘味料。くせがなく、まろやかな甘みが特徴。一般的なものでも構わないが、粉末タイプであれば溶けやすく、混ざりやすい。

メープルシロップ

サトウカエデの樹液を煮詰めた天然甘味料。やさしい甘みと独特の香りがあり、お菓子に加えると風味とこくが増す。

植物油

主に米油を使用したが、グレープシードオイル、なたね油、太白ごま油など、香りが強くないものであれば、好みの植物油を使用して構わない。スコーンのセイボリー生地にはオリーブオイルが合う。

塩

うま味のあるゲランドの塩を使用。味が変わるので食卓塩などは避ける。塩の種類によって塩分が異なるので、セイボリー生地に加える塩の量は好みで調整する。

INGREDIENTS & TOOLS

豆乳（成分無調整）

大豆と水だけで作られた、味つけされていない成分無調整のものを使うこと。砂糖や油、香料などの入った調製豆乳は味が変わるので不向き。冷たいまま使って構わない。

木綿豆腐

水きりしたものをマフィンに使用。生地がしっとりとし、食べごたえが出る。スーパーマーケットなどで手に入る一般的なものでよい。

酢

スコーン生地に使用。りんご酢、米酢、穀物酢など、家にあるもので構わない。少量を加えることでふわっとした食感になる。植物油と豆乳を乳化させる働きもある。

道具について

お菓子作りに使う一般的なもので構わない。マフィンで使用するハンディブレンダーは、ミキサーやフードプロセッサーで代用してもよい。攪拌する際は付属のカップや大きめの計量カップ、深さのあるボウルなどを使う。ゴムべらはしなやかで混ぜやすい耐熱シリコン製がおすすめ。キャラメリゼやチーズクリーム用などに小さめのものもあると便利。その他、ボウル、粉ふるい、泡立て器、オーブン用シート、めん棒など。

TOFU MUFFINS

豆腐で作るマフィン

ブルーベリーのマフィン → P10

【 TOFU MUFFINS ／ 基本の作り方 】
ブルーベリーのマフィン

バターを使わず、豆腐と植物油で作ります。
「もっちり」「しっとり」「ふんわり」という3つの食感が
同時に味わえる、唯一無二のおいしさを湛えたマフィンです。

blueberry

材料（直径7.5cmのマフィン型6個分）

- A｜薄力粉 —— 150g
  全粒薄力粉 —— 75g
  アーモンドパウダー —— 45g
  てんさい糖 —— 60g
  ベーキングパウダー —— 小さじ2
  塩 —— ひとつまみ
- B｜木綿豆腐 —— 150g
  植物油 —— 大さじ5
  メープルシロップ —— 大さじ3
  豆乳（成分無調整）—— 100mℓ
- ブルーベリー —— 80〜100g
- クランブル（P48参照）—— 全量

下準備

- 豆腐は30分ほど水きりして120gにする (a)。
- 型にグラシンカップを敷く (b)。
- オーブンは適当なタイミングで180℃に予熱する。

(a) バットなどで受けたざるに豆腐をのせてペーパータオルをかぶせ、重しをして30分ほどおく。重量が120〜130gになればよい。

マフィン型は直径7.5cm・深さ4cmのものを使用。グラシンカップは型に合う好みのものを。

Note

- ブルーベリーは冷凍を使用してもよい。その場合は凍ったまま加え混ぜる。

作り方

1. ボウルにAの薄力粉と全粒薄力粉をあわせてふるい入れ (c)、さらにAの残りの材料を加え、ゴムべらでざっと混ぜてなじませる (d)。

(c) 空気を含ませ、ふんわりとした生地にする。

(d) 片手でボウルを回しながら、ゴムべらで底からすくうようにして混ぜる。

2. Bはハンディブレンダーでなめらかになるまで撹拌する (e)。

(e) 豆腐と植物油がよくなじみ、なめらかになったらOK。ハンディブレンダーについた生地はゴムべらで取る。

3.

ボウルにBを加え、ゴムべらで底からすくい返すようにして10〜15回混ぜ (f)、さらに切るようにして20〜25回混ぜて (g)、なめらかで伸びのある生地にする (h)。生地が硬ければ豆乳約20㎖(分量外)を少しずつ加え混ぜて調整する。ブルーベリーを加え、大きく3〜4回混ぜる (i)。

(f) 液体を加えたら手早く混ぜる。最初は片手でボウルを回しながら大きくぐるりとすくい返すようにして10〜15回混ぜる。練るようにすると食感が悪くなるので注意。

(g) 粉類が7〜8割混ざったら、今度はゴムべらを立てて、奥から手前に切るようにして20〜25回混ぜ、生地をなめらかにする。最終的には状態を見て判断する。

(h) 生地が硬く、混ざりにくい場合は豆乳約20㎖(分量外)を様子を見ながら少しずつ加えて調整する。逆に生地の水分が多い場合は薄力粉適量(分量外)を少しずつ加える。

(i) くだものなどのフィリングを加えたら、つぶさないように手早く3〜4回、切るように混ぜ合わせる。

4.

型に3を等分に入れ (j)(k)、クランブルをのせる (l)。天板に型をのせる。

(j) 生地をボウルの片側に寄せて、端からマフィン1個分ほどをすくい取る。いったんボウルの縁で生地を受け、ゴムべらの先端で下からすくい取り、型に落とし入れる。何回も生地に触るとベーキングパウダーから発生したガスがつぶれ、膨らみが悪くなるので気をつける。

(k) 生地をつぶさないようゴムべらの先端で表面を整える。

(l) 生地が膨らむと落ちやすいので軽く押さえる。

5.

予熱したオーブンに天板をセットし、25〜30分焼く。生地に竹串を刺してもなにもついてこなければ (m)、型から取り出し (n)、網にのせる。

(m) オーブンは中段(または下段)で焼成する。20分ほどで天板の前後を入れ替えると焼きむらがなくなる。竹串に生地がついてきた場合はオーブンに戻し、追加で5分ずつ様子を見ながら焼く。

(n) 型に入れっぱなしにしておくと蒸れる原因になるので、焼き上がったらできるだけ早めに型から取り出す。マフィンをやさしく持ち、くるくると回してみて、はずれない場合はナイフを軽く差し込んで離す。焼きたては熱いのでやけどに注意。

保存の方法

常温 冷ましてからラップで包み、1日ほど保存可。

冷凍 冷ましてからラップで包み、冷凍用のジッパーつきのポリ袋に入れて冷凍室に入れる。目安は2週間ほど。食べるときは180℃に予熱したオーブンに凍ったまま入れて7〜8分加熱し、そのまま10分ほどおいて余熱で火を通す。チョコレートなどをかけるものは、かける前に冷凍する。

いちごとチョコチップのマフィン

いちごの酸味、チョコの苦みのコントラストが鮮やか
食感の違いも楽しい、見た目にかわいいマフィン

材料（直径7.5cmのマフィン型6個分）

A ｜ 薄力粉 —— 150g
　｜ 全粒薄力粉 —— 75g
　｜ アーモンドパウダー —— 45g
　｜ てんさい糖 —— 50g
　｜ ベーキングパウダー —— 小さじ2
　｜ 塩 —— ひとつまみ

B ｜ 木綿豆腐 —— 150g
　｜ 植物油 —— 大さじ5
　｜ メープルシロップ —— 大さじ3
　｜ 豆乳（成分無調整）—— 100mℓ

いちご —— 150g＋3個
チョコチップ —— 50g
クランブル（P48参照）—— 全量

チョコチップ

カカオ分50％の有機のクーベルチュールチョコレートを使用。スーパーマーケットなどで購入できるものでもよい。

下準備

- 豆腐は30分ほど水きりして120gにする。
- いちご150gと3個はそれぞれ4つ割りにする(a)。
- 型にグラシンカップを敷く。
- オーブンは適当なタイミングで180℃に予熱する。

(a)

作り方

1. ボウルにAの薄力粉と全粒薄力粉をあわせてふるい入れ、さらにAの残りの材料を加え、ゴムべらでざっと混ぜてなじませる。

2. Bはハンディブレンダーでなめらかになるまで攪拌する。

3. ボウルにBを加え、ゴムべらで底からすくい返すようにして10〜15回混ぜ、さらに切るようにして20〜25回混ぜて、なめらかで伸びのある生地にする。生地が硬ければ豆乳約20mℓ（分量外）を少しずつ加え混ぜて調整する。いちご150g分とチョコチップを加え、大きく3〜4回混ぜる。

4. 型に3を等分に入れ、いちご3個分をのせて軽く押し込み、さらにクランブルをのせる。天板に型をのせる。

5. 予熱したオーブンに天板をセットし、25〜30分焼く。生地に竹串を刺してもなにもついてこなければ、型から取り出し、網にのせる。

Note

- いちごの代わりにラズベリーやブルーベリーを使ってもよい。

レモンとホワイトチョコのマフィン

レモンの風味でさっぱりとしたあと味
せん切りにしたレモンの皮が強い風味を放ちます

材料（直径7.5cmのマフィン型6個分）

- A
  - 薄力粉 —— 150g
  - 全粒薄力粉 —— 75g
  - アーモンドパウダー —— 45g
  - てんさい糖 —— 60g
  - ベーキングパウダー —— 小さじ2
  - 塩 —— ひとつまみ
- B
  - 木綿豆腐 —— 150g
  - 植物油 —— 大さじ5
  - メープルシロップ —— 大さじ3
  - 豆乳（成分無調整）—— 100mℓ
- レモンの皮 —— 1個分
- ホワイトチョコチップ —— 40g
- レモン —— 1/2個
- メープルシロップ —— 適量
- ピスタチオ（あれば）—— 適量

下準備

- 豆腐は30分ほど水きりして120gにする。
- レモンの皮はせん切りにし、レモンは6等分の輪切りにする(a)。
- ピスタチオは細かく刻む。
- 型にグラシンカップを敷く。
- オーブンは適当なタイミングで180℃に予熱する。

(a)

作り方

1. ボウルにAの薄力粉と全粒薄力粉をあわせてふるい入れ、さらにAの残りの材料を加え、ゴムべらでざっと混ぜてなじませる。

2. Bはハンディブレンダーでなめらかになるまで攪拌する。

3. ボウルにBを加え、ゴムべらで底からすくい返すようにして10～15回混ぜ、さらに切るようにして20～25回混ぜて、なめらかで伸びのある生地にする。生地が硬ければ豆乳約20mℓ（分量外）を少しずつ加え混ぜて調整する。レモンの皮とホワイトチョコチップを加え、大きく3～4回混ぜる。

4. 型に3を等分に入れる。レモンをのせて軽く押さえ、レモンにメープルシロップを少しずつかける。天板に型をのせる。

5. 予熱したオーブンに天板をセットし、25～30分焼く。生地に竹串を刺してもなにもついてこなければ、型から取り出し、網にのせてピスタチオを散らす。

Note

- レモンの皮はすりおろしてもよいが、せん切りにしたほうが香りが強く出る。
- レモンにメープルシロップをかけると表面が乾燥せず、きれいな焼き色がつく。

Bing cherry / mint / white chocolate

チェリーとミントのマフィン

甘いだけではない、さっぱりとした仕上がりに

材料（直径7.5cmのマフィン型6個分）

- A
  - 薄力粉 — 150g
  - 全粒薄力粉 — 75g
  - アーモンドパウダー — 45g
  - てんさい糖 — 60g
  - ベーキングパウダー — 小さじ2
  - 塩 — ひとつまみ
- B
  - 木綿豆腐 — 150g
  - 植物油 — 大さじ5
  - メープルシロップ — 大さじ3
  - 豆乳（成分無調整） — 100ml
- アメリカンチェリー — 21個＋6個
- ミントの葉 — 20枚
- ホワイトチョコチップ — 50g

下準備

- 豆腐は30分ほど水きりして120gにする。
- アメリカンチェリー21個は包丁を縦にぐるりと入れ、ねじって2つに分け、種を取る。24切れと18切れに分ける。
- 型にグラシンカップを敷く。
- オーブンは適当なタイミングで180℃に予熱する。

作り方

1. ボウルにAの薄力粉と全粒薄力粉をあわせてふるい入れ、さらにAの残りの材料を加え、ゴムべらでざっと混ぜてなじませる。
2. Bはハンディブレンダーでなめらかになるまで攪拌する。
3. ボウルにBを加え、ゴムべらで底からすくい返すようにして10〜15回混ぜ、さらに切るようにして20〜25回混ぜて、なめらかで伸びのある生地にする。生地が硬ければ豆乳約20ml（分量外）を少しずつ加え混ぜて調整する。アメリカンチェリー24切れを加え、さらにミントの葉をちぎりながら加えて、大きく3〜4回混ぜる。
4. 型に3を等分に入れ、アメリカンチェリー18切れをのせて軽く押し込む。天板に型をのせる。
5. 予熱したオーブンに天板をセットし、25〜30分焼く。生地に竹串を刺してもなにもついてこなければ、型から取り出し、網にのせて冷ます。
6. ホワイトチョコチップは湯せんで溶かす(a)。マフィンにかけ、アメリカンチェリーを1個ずつのせる。

(a)

grape

ぶどうのマフィン

ふんわり、しっとりとした生地にみずみずしいぶどうがよく合います

材料（直径7.5cmのマフィン型6個分）

A | 薄力粉 —— 150g
　| 全粒薄力粉 —— 75g
　| アーモンドパウダー —— 45g
　| てんさい糖 —— 60g
　| ベーキングパウダー —— 小さじ2
　| 塩 —— ひとつまみ
B | 木綿豆腐 —— 150g
　| 植物油 —— 大さじ5
　| メープルシロップ —— 大さじ3
　| 豆乳（成分無調整） —— 100ml
ぶどう —— 18粒
クランブル（P48参照） —— 全量

下準備

- 豆腐は30分ほど水きりして120gにする。
- ぶどうは皮をつけたまま縦半分に切り、種を取る。
- 型にグラシンカップを敷く。
- オーブンは適当なタイミングで180℃に予熱する。

作り方

1. ボウルにAの薄力粉と全粒薄力粉をあわせてふるい入れ、さらにAの残りの材料を加え、ゴムべらでざっと混ぜてなじませる。
2. Bはハンディブレンダーでなめらかになるまで撹拌する。
3. ボウルにBを加え、ゴムべらで底からすくい返すようにして10～15回混ぜ、さらに切るようにして20～25回混ぜて、なめらかで伸びのある生地にする。生地が硬ければ豆乳約20ml（分量外）を少しずつ加え混ぜて調整する。
4. 型に3の1/2量を等分に入れ、ぶどうを3切れずつのせる。残りの3を入れ、残りのぶどうをのせて軽く押し込み、さらにクランブルをのせる。天板に型をのせる。
5. 予熱したオーブンに天板をセットし、25～30分焼く。生地に竹串を刺してもなにもついてこなければ、型から取り出し、網にのせる。

Note

- ここではマスカットを使用したが、巨峰やピオーネなど、大粒のものであれば構わない。
- ぶどうは全量を生地に混ぜ込んで焼いてもOK。

プレーン生地

いちじくのマフィン

キルシュの代わりに果汁100%のオレンジジュースでも

くるみとチョコチャンクのマフィン

生地にカルダモンパウダーを加えて広がりのある味に

いちじくのマフィン

材料（直径7.5cmのマフィン型6個分）

- A
  - 薄力粉 —— 150g
  - 全粒薄力粉 —— 75g
  - アーモンドパウダー —— 45g
  - てんさい糖 —— 60g
  - ベーキングパウダー —— 小さじ2
  - 塩 —— ひとつまみ
- B
  - 木綿豆腐 —— 150g
  - 植物油 —— 大さじ5
  - メープルシロップ —— 大さじ3
  - 豆乳（成分無調整）—— 100ml
- C
  - ドライいちじく —— 100g
  - キルシュ —— 適量

[**チーズクリーム**]
- クリームチーズ —— 50g
- てんさい糖 —— 10g
- 豆乳（成分無調整）—— 大さじ1
- レモン果汁 —— 小さじ1/2

いちじくのくし形切り（あれば）—— 6切れ

下準備

- ドライいちじくは2cm角に切り、浸るくらいのキルシュにひと晩漬け、汁けをきる。
- クリームチーズは常温にもどす。
- チーズクリームを作る。ボウルにチーズクリームの材料を入れ、ゴムべらでなめらかになるまでよく練り混ぜる。
- 豆腐は30分ほど水きりして120gにする。
- 型にグラシンカップを敷く。
- オーブンは適当なタイミングで180℃に予熱する。

くるみとチョコチャンクのマフィン

材料（直径7.5cmのマフィン型6個分）

- A
  - 薄力粉 —— 150g
  - 全粒薄力粉 —— 75g
  - アーモンドパウダー —— 45g
  - カルダモンパウダー —— 小さじ1
  - てんさい糖 —— 60g
  - ベーキングパウダー —— 小さじ2
  - 塩 —— ひとつまみ
- B
  - 木綿豆腐 —— 150g
  - 植物油 —— 大さじ5
  - メープルシロップ —— 大さじ3
  - 豆乳（成分無調整）—— 100ml
- C
  - くるみ（ロースト済み）—— 60g
  - チョコレート（ビター）—— 50g

[**米あめキャラメリゼ**]
- くるみ —— 30g
- オートミール —— 大さじ2
- 米あめ —— 大さじ2

下準備

- 豆腐は30分ほど水きりして120gにする。
- チョコレートは5mm角に切る。
- くるみ30gと60gはそれぞれ手で粗く割る。
- 米あめキャラメリゼを作る。ボウルに米あめキャラメリゼの材料を入れ、ゴムべらで米あめが全体にからまるように混ぜる。
- 型にグラシンカップを敷く。
- オーブンは適当なタイミングで180℃に予熱する。

Note

- 米あめキャラメリゼの米あめの量は様子を見て増やす。全体に行き渡るくらいが目安。

共通の作り方

1. ボウルにAの薄力粉と全粒薄力粉をあわせてふるい入れ、さらにAの残りの材料を加え、ゴムべらでざっと混ぜてなじませる。

2. Bはハンディブレンダーでなめらかになるまで攪拌する。

3. ボウルにBを加え、ゴムべらで底からすくい返すようにして10〜15回混ぜ、さらに切るようにして20〜25回混ぜて、なめらかで伸びのある生地にする。生地が硬ければ豆乳約20ml（分量外）を少しずつ加え混ぜて調整する。Cを加え、大きく3〜4回混ぜる。

4. 型に3を等分に入れ、「くるみとチョコチャンクのマフィン」は米あめキャラメリゼをのせる。天板に型をのせる。

5. 予熱したオーブンに天板をセットし、25〜30分焼く。生地に竹串を刺してもなにもついてこなければ、型から取り出し、網にのせる。「いちじくのマフィン」は冷ましてから上部にチーズクリームを塗り、いちじくのくし形切りをのせる。

りんごと紅茶のマフィン

りんごのほのかな酸味が味の決め手
甘みをやさしく引き立ててくれます

apple / black tea

材料（直径7.5cmのマフィン型6個分）

- A｜ 薄力粉 — 150g
  全粒薄力粉 — 75g
  アーモンドパウダー — 45g
  てんさい糖 — 60g
  ベーキングパウダー — 小さじ2
  塩 — ひとつまみ
  紅茶の茶葉（製菓用・ダージリン）
  　— 小さじ2
- B｜ 木綿豆腐 — 150g
  植物油 — 大さじ5
  メープルシロップ — 大さじ3
  豆乳（成分無調整）— 100mℓ
- りんご — 1/2個 + 1/4個
- レーズン — 20g
- メープルシロップ — 適量
- クランブル（P48参照）— 1/2量

下準備

- 豆腐は30分ほど水きりして120gにする。
- りんご1/2個は皮つきのまま2cm角に切り、1/4個は皮つきのまま6等分のくし形切りにしてから長さを半分に切る(a)。
- 型にグラシンカップを敷く。
- オーブンは適当なタイミングで180℃に予熱する。

(a)

作り方

1. ボウルにAの薄力粉と全粒薄力粉をあわせてふるい入れ、さらにAの残りの材料を加え、ゴムべらでざっと混ぜてなじませる。

2. Bはハンディブレンダーでなめらかになるまで攪拌する。

3. ボウルにBを加え、ゴムべらで底からすくい返すようにして10～15回混ぜ、さらに切るようにして20～25回混ぜて、なめらかで伸びのある生地にする。生地が硬ければ豆乳約20mℓ（分量外）を少しずつ加え混ぜて調整する。2cm角に切ったりんごとレーズンを加え、大きく3～4回混ぜる。

4. 型に3を等分に入れる。くし形切りにしてから長さを半分に切ったりんごをのせて軽く押し込み、りんごにメープルシロップを少しずつかけ、さらにクランブルをのせる。天板に型をのせる。

5. 予熱したオーブンに天板をセットし、25～30分焼く。生地に竹串を刺してもなにもついてこなければ、型から取り出し、網にのせる。

Note

- りんごは紅玉やジョナゴールドなど、少し酸味のあるものが合う。
- 紅茶の茶葉の種類は好みのものでOK。製菓用の粉砕タイプがない場合はすり鉢に入れ、すって細かくする。
- レーズンが硬ければ熱湯をかけてやわらかくし、水けをきって使用する。

プレーン生地

柿とピーカンナッツのマフィン

シナモンの香りが意外にも柿の甘みにぴったり！

材料（直径7.5cmのマフィン型6個分）

［メープルキャラメリゼ］
- ピーカンナッツ ── 12個
- メープルシロップ ── 小さじ1

A
- 薄力粉 ── 150g
- 全粒薄力粉 ── 75g
- アーモンドパウダー ── 45g
- シナモンパウダー ── 小さじ1と1/2〜小さじ2
- てんさい糖 ── 60g
- ベーキングパウダー ── 小さじ2
- 塩 ── ひとつまみ

B
- 木綿豆腐 ── 150g
- 植物油 ── 大さじ5
- メープルシロップ ── 大さじ3
- 豆乳（成分無調整）── 100mℓ

柿 ── 1個＋1/2個
ピーカンナッツ（ロースト済み）── 30g

下準備
- 豆腐は30分ほど水きりして120gにする。
- 柿1個は2cm角に切り、1/2個は6等分のくし形切りにする。
- ピーカンナッツ30gは粗く刻む。
- 型にグラシンカップを敷く。
- オーブンは適当なタイミングで180℃に予熱する。

作り方

1. メープルキャラメリゼを作る。ボウルにメープルキャラメリゼの材料を入れ、ゴムべらでメープルシロップが全体にからまるように混ぜる。

2. 別のボウルにAの薄力粉と全粒薄力粉をあわせてふるい入れ、さらにAの残りの材料を加え、ゴムべらでざっと混ぜてなじませる。

3. Bはハンディブレンダーでなめらかになるまで攪拌する。

4. 2のボウルにBを加え、ゴムべらで底からすくい返すようにして10〜15回混ぜ、さらに切るようにして20〜25回混ぜて、なめらかで伸びのある生地にする。生地が硬ければ豆乳約20mℓ（分量外）を少しずつ加え混ぜて調整する。2cm角に切った柿とピーカンナッツを加え、大きく3〜4回混ぜる。

5. 型に4を等分に入れる。くし形切りにした柿をのせて軽く押し込み、さらに1のメープルキャラメリゼをのせる。天板に型をのせる。

6. 予熱したオーブンに天板をセットし、25〜30分焼く。生地に竹串を刺してもなにもついてこなければ、型から取り出し、網にのせる。

Note
- 柿は焼くとやわらかくなるので少し硬めのものを。好みで増減を

persimmon / pecan nuts / cinnamon

プレーン生地

紅茶とスパイスのマフィン

チャイをイメージしたオリエンタルなマフィンです

材料（直径7.5cmのマフィン型6個分）

A｜薄力粉 —— 150g
　全粒薄力粉 —— 75g
　アーモンドパウダー —— 45g
　シナモンパウダー —— 小さじ1
　ジンジャーパウダー —— 小さじ1/2
　カルダモンパウダー —— 小さじ1/2
　クローブパウダー —— 小さじ1/4
　てんさい糖 —— 60g
　ベーキングパウダー —— 小さじ2
　塩 —— ひとつまみ
　紅茶の茶葉（製菓用・ダージリン）
　　—— 大さじ1
B｜木綿豆腐 —— 150g
　植物油 —— 大さじ5
　メープルシロップ —— 大さじ3
　豆乳（成分無調整）—— 100㎖
クランブル（P48参照）—— 全量

作り方

1. ボウルにAの薄力粉と全粒薄力粉をあわせてふるい入れ、さらにAの残りの材料を加え、ゴムべらでざっと混ぜてなじませる。
2. Bはハンディブレンダーでなめらかになるまで攪拌する。
3. ボウルにBを加え、ゴムべらで底からすくい返すようにして10〜15回混ぜ、さらに切るようにして20〜25回混ぜて、なめらかで伸びのある生地にする。生地が硬ければ豆乳約20㎖（分量外）を少しずつ加え混ぜて調整する。
4. 型に3を等分に入れ、クランブルをのせる。天板に型をのせる。
5. 予熱したオーブンに天板をセットし、25〜30分焼く。生地に竹串を刺してもなにもついてこなければ、型から取り出し、網にのせる。

下準備

- 豆腐は30分ほど水きりして120gにする。
- 型にグラシンカップを敷く。
- オーブンは適当なタイミングで180℃に予熱する。

Note

- 紅茶の茶葉はアールグレイやアッサムでも合う。製菓用の粉砕タイプがない場合はすり鉢に入れ、すって細かくする。

コーヒーのマフィン

ほろ苦さ漂う大人向けのマフィン
苦みがあることでキャラメリゼの甘さも引き立ちます

材料（直径7.5cmのマフィン型6個分）

[米あめキャラメリゼ]
- カシューナッツ —— 15g
- ヘーゼルナッツ —— 15g
- くるみ —— 15g
- アーモンド —— 15g
- 米あめ —— 大さじ1強

A
- 薄力粉 —— 150g
- 全粒薄力粉 —— 75g
- ヘーゼルナッツパウダー —— 45g
- ブラウンシュガー —— 60g
- ベーキングパウダー —— 小さじ2
- 塩 —— ひとつまみ

B
- 木綿豆腐 —— 150g
- 植物油 —— 大さじ5
- メープルシロップ —— 大さじ3
- 豆乳（成分無調整） —— 100mℓ

- インスタントコーヒー（粗いもの） —— 大さじ2
- ピスタチオ（あれば） —— 適量

インスタントコーヒー

有機のコロンビアコーヒーを使用。見た目と食感のアクセントになるよう、粒の粗いものを使うのがおすすめ。

下準備

- 豆腐は30分ほど水きりして120gにする。
- カシューナッツ、ヘーゼルナッツ、くるみ、アーモンドはそれぞれ粗く刻む。
- ピスタチオは縦半分に切る。
- 型にグラシンカップを敷く。
- オーブンは適当なタイミングで180℃に予熱する。

作り方

1. 米あめキャラメリゼを作る。ボウルに米あめキャラメリゼの材料を入れ、ゴムべらで米あめが全体にからまるように混ぜる。

2. 別のボウルにAの薄力粉と全粒薄力粉をあわせてふるい入れ、さらにAの残りの材料を加え、ゴムべらでざっと混ぜてなじませる。

3. Bはハンディブレンダーでなめらかになるまで撹拌する。

4. 2のボウルにBを加え、ゴムべらで底からすくい返すようにして10〜15回混ぜ、さらに切るようにして20〜25回混ぜて、なめらかで伸びのある生地にする。生地が硬ければ豆乳約20mℓ（分量外）を少しずつ加え混ぜて調整する。インスタントコーヒーを加え、大きく3〜4回混ぜる。

5. 型に4を等分に入れ、1の米あめキャラメリゼをのせる。天板に型をのせる。

6. 予熱したオーブンに天板をセットし、25〜30分焼く。生地に竹串を刺してもなにもついてこなければ、型から取り出し、網にのせてピスタチオを散らす。

Note

- コーヒー味に合うよう、Aにヘーゼルナッツパウダーとブラウンシュガーを使用したが、アーモンドパウダーとてんさい糖で作っても問題ない。

プレーン生地

バナナと黒糖のマフィン

バナナ生地はプレーン生地に比べてしっとりとした食感
黒糖とココナッツで南国風の味つけに

材料（直径7.5cmのマフィン型6個分）

［米あめキャラメリゼ］
　ココナッツロング —— 30g
　米あめ —— 大さじ1

A　薄力粉 —— 150g
　　全粒薄力粉 —— 75g
　　アーモンドパウダー —— 45g
　　てんさい糖 —— 40g
　　ベーキングパウダー —— 小さじ2
　　塩 —— ひとつまみ

B　木綿豆腐 —— 150g
　　植物油 —— 大さじ5
　　メープルシロップ —— 大さじ3
　　豆乳（成分無調整） —— 50mℓ
　　バナナ —— 100g

バナナ —— 100g
黒糖（かたまり）—— 60g

下準備

- 豆腐は30分ほど水きりして120gにする。
- フィリングのバナナは厚さ1cmの輪切りにする (a)。
- 黒糖は1cm角に切る。
- 型にグラシンカップを敷く。
- オーブンは適当なタイミングで180℃に予熱する。

(a)

作り方

1. 米あめキャラメリゼを作る。ボウルに米あめキャラメリゼの材料を入れ、ゴムべらで米あめが全体にからまるように混ぜる。

2. 別のボウルにAの薄力粉と全粒薄力粉をあわせてふるい入れ、さらにAの残りの材料を加え、ゴムべらでざっと混ぜてなじませる。

3. Bのバナナはひと口大にちぎり (b)、Bの残りの材料と一緒にハンディブレンダーでなめらかになるまで攪拌する。

(b)

4. 2のボウルにBを加え、ゴムべらで底からすくい返すようにして10～15回混ぜ、さらに切るようにして20～25回混ぜて、なめらかで伸びのある生地にする。生地が硬ければ豆乳約20mℓ（分量外）を少しずつ加え混ぜて調整する。バナナと黒糖を加え、大きく3～4回混ぜる。

5. 型に4を等分に入れ、1の米あめキャラメリゼをのせる。天板に型をのせる。

6. 予熱したオーブンに天板をセットし、25～30分焼く。生地に竹串を刺してもなにもついてこなければ、型から取り出し、網にのせる。

Note

- フィリングに黒糖を使用するのでAのてんさい糖の量を少し減らしている。

バナナとラズベリーのマフィン

ラズベリーの酸味でメリハリの利いた仕上がり

材料（直径7.5cmのマフィン型6個分）

- A
  - 薄力粉 — 150g
  - 全粒薄力粉 — 75g
  - アーモンドパウダー — 45g
  - てんさい糖 — 60g
  - ベーキングパウダー — 小さじ2
  - 塩 — ひとつまみ
- B
  - 木綿豆腐 — 150g
  - 植物油 — 大さじ5
  - メープルシロップ — 大さじ3
  - 豆乳（成分無調整） — 50ml
  - バナナ — 100g
- ラズベリー — 100g + 12個
- ピーナッツバター（無糖） — 大さじ2
- クランブル（P48参照） — 全量
- 粉砂糖（好みで） — 適量

下準備

- 豆腐は30分ほど水きりして120gにする。
- 型にグラシンカップを敷く。
- オーブンは適当なタイミングで180℃に予熱する。

作り方

1. ボウルにAの薄力粉と全粒薄力粉をあわせてふるい入れ、さらにAの残りの材料を加え、ゴムべらでざっと混ぜてなじませる。
2. Bのバナナはひと口大にちぎり、Bの残りの材料と一緒にハンディブレンダーでなめらかになるまで撹拌する。
3. ボウルにBを加え、ゴムべらで底からすくい返すようにして10〜15回混ぜ、さらに切るようにして20〜25回混ぜて、なめらかで伸びのある生地にする。生地が硬ければ豆乳約20ml（分量外）を少しずつ加え混ぜて調整する。ラズベリー100gを加え、大きく3〜4回混ぜる。
4. 型に3を等分に入れ、ピーナッツバターとクランブルを順にのせる。天板に型をのせる。
5. 予熱したオーブンに天板をセットし、25〜30分焼く。生地に竹串を刺してもなにもついてこなければ、型から取り出し、網にのせて冷ます。ラズベリーを2個ずつのせ、粉砂糖を茶こしに入れてふる。

Note

- ラズベリーは冷凍でも可。フィリング用は凍ったまま加え、トッピング用は解凍してからのせる。

バナナとクランベリーのマフィン

生地に潜ませたオレンジゼストのほのかな苦みが味の決め手

材料（直径7.5cmのマフィン型6個分）

- A
  - 薄力粉 —— 150g
  - 全粒薄力粉 —— 75g
  - アーモンドパウダー —— 45g
  - てんさい糖 —— 60g
  - ベーキングパウダー —— 小さじ2
  - 塩 —— ひとつまみ
  - オレンジの皮 —— 1個分
- B
  - 木綿豆腐 —— 150g
  - 植物油 —— 大さじ5
  - メープルシロップ —— 大さじ3
  - 豆乳（成分無調整） —— 50㎖
  - バナナ —— 100g
- ドライクランベリー —— 60g
- ココアクランブル（P48参照） —— 全量
- オレンジの皮（あれば） —— 適量

下準備

- 豆腐は30分ほど水きりして120gにする。
- ドライクランベリーは熱湯に15分ほど浸して水けをきる。
- オレンジの皮1個分はすりおろし、適量はせん切りにする。
- 型にグラシンカップを敷く。
- オーブンは適当なタイミングで180℃に予熱する。

作り方

1. ボウルにAの薄力粉と全粒薄力粉をあわせてふるい入れ、さらにAの残りの材料を加え、ゴムべらでざっと混ぜてなじませる。
2. Bのバナナはひと口大にちぎり、Bの残りの材料と一緒にハンディブレンダーでなめらかになるまで撹拌する。
3. ボウルにBを加え、ゴムべらで底からすくい返すようにして10〜15回混ぜ、さらに切るようにして20〜25回混ぜて、なめらかで伸びのある生地にする。生地が硬ければ豆乳約20㎖（分量外）を少しずつ加え混ぜて調整する。ドライクランベリーを加え、大きく3〜4回混ぜる。
4. 型に3を等分に入れ、ココアクランブルをのせる。天板に型をのせる。
5. 予熱したオーブンに天板をセットし、25〜30分焼く。生地に竹串を刺してもなにもついてこなければ、型から取り出し、網にのせてせん切りにしたオレンジの皮を散らす。

バナナとアプリコットのマフィン

オレンジジュースに漬けた
たっぷりのドライアプリコットが甘くておいしい

材料（直径7.5cmのマフィン型6個分）

A　薄力粉 — 150g
　　全粒薄力粉 — 75g
　　アーモンドパウダー — 45g
　　てんさい糖 — 60g
　　ベーキングパウダー — 小さじ2
　　塩 — ひとつまみ
B　木綿豆腐 — 150g
　　植物油 — 大さじ5
　　メープルシロップ — 大さじ3
　　豆乳（成分無調整） — 50ml
　　バナナ — 100g
ドライアプリコット — 100g
オレンジジュース（果汁100%） — 適量
バナナ — 6cm
メープルシロップ — 適量
アーモンドスライス（あれば皮つき） — 適量

下準備

- ドライアプリコットは2cm角に切り、浸るくらいのオレンジジュースに3時間ほど漬け、汁けをきる。
- 豆腐は30分ほど水きりして120gにする。
- バナナ6cmは厚さ1cmの輪切りにする。
- 型にグラシンカップを敷く。
- オーブンは適当なタイミングで180℃に予熱する。

作り方

1. ボウルにAの薄力粉と全粒薄力粉をあわせてふるい入れ、さらにAの残りの材料を加え、ゴムべらでざっと混ぜてなじませる。

2. Bのバナナはひと口大にちぎり、Bの残りの材料と一緒にハンディブレンダーでなめらかになるまで攪拌する。

3. ボウルにBを加え、ゴムべらで底からすくい返すようにして10〜15回混ぜ、さらに切るようにして20〜25回混ぜて、なめらかで伸びのある生地にする。生地が硬ければ豆乳約20ml（分量外）を少しずつ加え混ぜて調整する。オレンジジュースに漬けたドライアプリコットを加え、大きく3〜4回混ぜる。

4. 型に3を等分に入れる。バナナをのせて軽く押し込み、バナナにメープルシロップを少しずつかけ、さらにアーモンドスライスを散らす。天板に型をのせる。

5. 予熱したオーブンに天板をセットし、25〜30分焼く。生地に竹串を刺してもなにもついてこなければ、型から取り出し、網にのせる。

Note

- ドライアプリコットは好みのリキュールに漬けて大人向けにしてもOK。また、オレンジジュースに漬けず、熱湯に30分ほど浸して切るだけでもよい。

トリプルチョコのマフィン

ココアの生地にさらに2種のチョコをプラス
カカオニブの苦みと食感がアクセントに

材料（直径7.5cmのマフィン型6個分）

A | 薄力粉 —— 120g
　| 全粒薄力粉 —— 40g
　| ココアパウダー —— 70g
　| アーモンドパウダー —— 60g
　| てんさい糖 —— 65g
　| ベーキングパウダー —— 小さじ2
　| 塩 —— ひとつまみ

B | 木綿豆腐 —— 150g
　| 植物油 —— 大さじ5
　| メープルシロップ —— 大さじ3
　| 豆乳（成分無調整） —— 150mℓ

チョコレート（ビター） —— 80g + 20g
ホワイトチョコチップ —— 60g + 30g
カカオニブ（あれば） —— 適量

チョコレート

カカオマスの含有率が高く、苦みがやや強いものを使用。あれば乳化剤不使用のものがおすすめ。

下準備

- 豆腐は30分ほど水きりして120gにする。
- チョコレート80gは5mm角に切る。
- 型にグラシンカップを敷く。
- オーブンは適当なタイミングで180℃に予熱する。

作り方

1. ボウルにAの薄力粉、全粒薄力粉、ココアパウダーをあわせてふるい入れ、さらにAの残りの材料を加え、ゴムべらでざっと混ぜてなじませる。

2. Bはハンディブレンダーでなめらかになるまで撹拌する。

3. ボウルにBを加え、ゴムべらで底からすくい返すようにして10〜15回混ぜ、さらに切るようにして20〜25回混ぜて、なめらかで伸びのある生地にする。生地が硬ければ豆乳約20mℓ（分量外）を少しずつ加え混ぜて調整する。5mm角に切ったチョコレートとホワイトチョコチップ60gを加え、大きく3〜4回混ぜる。

4. 型に3を等分に入れ、天板に型をのせる。

5. 予熱したオーブンに天板をセットし、25〜30分焼く。生地に竹串を刺してもなにもついてこなければ、型から取り出し、網にのせて冷ます。

6. チョコレート20gとホワイトチョコチップ30gはそれぞれ湯せんで溶かす。マフィンに線状にかけ、カカオニブを散らす。

Note

- 生地にココアパウダーが加わると水分を吸うので、Bの豆乳の量を少し多めにしている。

ココアとバナナのマフィン

定番の組み合わせにナッツを加えてリッチな味に

材料（直径7.5cmのマフィン型6個分）

[米あめキャラメリゼ]
- マカデミアナッツ —— 50g
- 米あめ —— 大さじ1

A
- 薄力粉 —— 120g
- 全粒薄力粉 —— 40g
- ココアパウダー —— 70g
- アーモンドパウダー —— 60g
- てんさい糖 —— 65g
- ベーキングパウダー —— 小さじ2
- 塩 —— ひとつまみ

B
- 木綿豆腐 —— 150g
- 植物油 —— 大さじ5
- メープルシロップ —— 大さじ3
- 豆乳（成分無調整）—— 150㎖

- バナナ —— 150g
- ココナッツロング（あれば）—— 適量

下準備
- 豆腐は30分ほど水きりして120gにする。
- マカデミアナッツは半分に切る。
- バナナは厚さ1cmの輪切りにする。
- 型にグラシンカップを敷く。
- オーブンは適当なタイミングで180℃に予熱する。

作り方

1. 米あめキャラメリゼを作る。ボウルに米あめキャラメリゼの材料を入れ、ゴムべらで米あめが全体にからまるように混ぜる。

2. 別のボウルにAの薄力粉、全粒薄力粉、ココアパウダーをあわせてふるい入れ、さらにAの残りの材料を加え、ゴムべらでざっと混ぜてなじませる。

3. Bはハンディブレンダーでなめらかになるまで攪拌する。

4. 2のボウルにBを加え、ゴムべらで底からすくい返すようにして10～15回混ぜ、さらに切るようにして20～25回混ぜて、なめらかで伸びのある生地にする。生地が硬ければ豆乳約20㎖（分量外）を少しずつ加え混ぜて調整する。バナナを加え、大きく3～4回混ぜる。

5. 型に4を等分に入れ、1の米あめキャラメリゼをのせる。天板に型をのせる。

6. 予熱したオーブンに天板をセットし、25～30分焼く。生地に竹串を刺してもなにもついてこなければ、型から取り出し、網にのせてココナッツロングを散らす。

ココアとブルーベリーのマフィン

ブルーベリーとレモンの酸味がココア生地の魅力を引き立てます

材料（直径7.5cmのマフィン型6個分）

- A
  - 薄力粉 —— 120g
  - 全粒薄力粉 —— 40g
  - ココアパウダー —— 70g
  - アーモンドパウダー —— 60g
  - てんさい糖 —— 65g
  - ベーキングパウダー —— 小さじ2
  - 塩 —— ひとつまみ
  - レモンの皮 —— 1個分
- B
  - 木綿豆腐 —— 150g
  - 植物油 —— 大さじ5
  - メープルシロップ —— 大さじ3
  - 豆乳（成分無調整）—— 150mℓ
- ブルーベリー —— 100g＋適量
- チョコレート（ビター）—— 30g
- レモンの皮（好みで）—— 適量

下準備

- 豆腐は30分ほど水きりして120gにする。
- レモンの皮1個分はすりおろす。
- 型にグラシンカップを敷く。
- オーブンは適当なタイミングで180℃に予熱する。

作り方

1. ボウルにAの薄力粉、全粒薄力粉、ココアパウダーをあわせてふるい入れ、さらにAの残りの材料を加え、ゴムべらでざっと混ぜてなじませる。
2. Bはハンディブレンダーでなめらかになるまで攪拌する。
3. ボウルにBを加え、ゴムべらで底からすくい返すようにして10～15回混ぜ、さらに切るようにして20～25回混ぜて、なめらかで伸びのある生地にする。生地が硬ければ豆乳約20mℓ（分量外）を少しずつ加え混ぜて調整する。ブルーベリー100gを加え、大きく3～4回混ぜる。
4. 型に3を等分に入れ、天板に型をのせる。
5. 予熱したオーブンに天板をセットし、25～30分焼く。生地に竹串を刺してもなにもついてこなければ、型から取り出し、網にのせて冷ます。
6. チョコレートは湯せんで溶かす。マフィンにかけてブルーベリー適量をのせ、レモンの皮をすりおろしながらかける。

ジンジャーとメープルのマフィン

しょうが風味の生地にメープルシュガーと
シロップの甘みがやさしく広がります

材料（直径7.5cmのマフィン型6個分）

[メープルキャラメリゼ]
- くるみ —— 6個
- メープルシロップ —— 小さじ1

A
- 薄力粉 —— 150g
- 全粒薄力粉 —— 75g
- アーモンドパウダー —— 45g
- メープルシュガー（粉末）—— 50g
- ベーキングパウダー —— 小さじ2
- 塩 —— ひとつまみ

B
- 木綿豆腐 —— 150g
- 植物油 —— 大さじ5
- メープルシロップ —— 大さじ3
- 豆乳（成分無調整）—— 100ml
- しょうが —— 35g

- メープルシュガー（粗粒）—— 40g
- くるみ（ロースト済み）—— 50g
- ピスタチオ（あれば）—— 適量

メープルシュガー（粉末）、（粗粒）

サトウカエデの樹液を煮詰め、水分を取り除いたもの。粉末は生地に、5mm角ほどの大きさの粗粒はフィリングに使用する。

下準備

- 豆腐は30分ほど水きりして120gにする。
- しょうがはすりおろす。
- くるみ50gは手で粗く割る。
- ピスタチオは細かく刻む。
- 型にグラシンカップを敷く。
- オーブンは適当なタイミングで180℃に予熱する。

作り方

1. メープルキャラメリゼを作る。ボウルにメープルキャラメリゼの材料を入れ、ゴムべらでメープルシロップが全体にからまるように混ぜる。

2. 別のボウルにAの薄力粉と全粒薄力粉をあわせてふるい入れ、さらにAの残りの材料を加え、ゴムべらでざっと混ぜてなじませる。

3. Bはハンディブレンダーでなめらかになるまで攪拌する。

4. 2のボウルにBを加え、ゴムべらで底からすくい返すようにして10〜15回混ぜ、さらに切るようにして20〜25回混ぜて、なめらかで伸びのある生地にする。生地が硬ければ豆乳約20ml（分量外）を少しずつ加え混ぜて調整する。メープルシュガーとくるみを加え、大きく3〜4回混ぜる。

5. 型に4を等分に入れ、1のメープルキャラメリゼをのせる。天板に型をのせる。

6. 予熱したオーブンに天板をセットし、25〜30分焼く。生地に竹串を刺してもなにもついてこなければ、型から取り出し、網にのせてピスタチオを散らす。

コーングリッツとローズマリーのマフィン

コーングリッツのつぶつぶとした食感が楽しい
生地にナッツやレーズンを混ぜてもよく合う

材料（直径7.5cmのマフィン型6個分）

[メープルキャラメリゼ]
- カシューナッツ —— 6個
- アーモンド —— 6個
- メープルシロップ —— 小さじ1

A
- 薄力粉 —— 150g
- 全粒薄力粉 —— 75g
- コーングリッツ —— 100g
- アーモンドパウダー —— 45g
- てんさい糖 —— 60g
- ベーキングパウダー —— 小さじ2
- 塩 —— ひとつまみ

B
- 木綿豆腐 —— 150g
- 植物油 —— 大さじ5
- メープルシロップ —— 大さじ3
- 豆乳（成分無調整）—— 120mℓ

- ローズマリー —— 5g
- アーモンドスライス —— 適量

コーングリッツ

とうもろこしの胚乳をひき割りにしたもの。ざくざくとした食感が特徴。パンや揚げ衣にも使われる。さらに細かいものがコーンミール。

下準備
- 豆腐は30分ほど水きりして120gにする。
- ローズマリーは葉を摘み、粗く刻む。
- 型にグラシンカップを敷く。
- オーブンは適当なタイミングで180℃に予熱する。

作り方

1. メープルキャラメリゼを作る。ボウルにメープルキャラメリゼの材料を入れ、ゴムべらでメープルシロップが全体にからまるように混ぜる。

2. 別のボウルにAの薄力粉と全粒薄力粉をあわせてふるい入れ、さらにAの残りの材料を加え、ゴムべらでざっと混ぜてなじませる。

3. Bはハンディブレンダーでなめらかになるまで攪拌する。

4. 2のボウルにBを加え、ゴムべらで底からすくい返すようにして10〜15回混ぜ、さらに切るようにして20〜25回混ぜて、なめらかで伸びのある生地にする。生地が硬ければ豆乳約20mℓ（分量外）を少しずつ加え混ぜて調整する。ローズマリーを加え、大きく3〜4回混ぜる。

5. 型に4を等分に入れ、1のメープルキャラメリゼとアーモンドスライスをのせる。天板に型をのせる。

6. 予熱したオーブンに天板をセットし、25〜30分焼く。生地に竹串を刺してもなにもついてこなければ、型から取り出し、網にのせる。

Note
- 粉類の量が多めなのでBの豆乳を少し増量している。

かぼちゃとココアのマーブルマフィン

生地を途中で2つに分けてそれぞれ異なる味と色に仕立てます
最後に合わせて焼くときれいなマーブル模様に

材料（直径7.5cmのマフィン型6個分）

A │ 薄力粉 —— 150g
　│ 全粒薄力粉 —— 75g
　│ アーモンドパウダー —— 45g
　│ てんさい糖 —— 70g
　│ ベーキングパウダー —— 小さじ2
　│ 塩 —— ひとつまみ
　ココアパウダー —— 大さじ3
B │ 木綿豆腐 —— 150g
　│ 植物油 —— 大さじ6
　│ メープルシロップ —— 大さじ4
　│ 豆乳（成分無調整）—— 140ml
かぼちゃ（皮つき）—— 350g
かぼちゃの種 —— 適量

下準備

- 豆腐は30分ほど水きりして120gにする。
- かぼちゃは厚さ3cmに切って鍋に入れ、かぶるくらいの水（分量外）を加えて熱し、沸騰したら10〜15分ゆでる。竹串を刺し、すっと通るようになったらざるに上げ、水けをきる。100gは1.5cm角に切り、残りは身と皮に分けて身は3cm角に、皮は1.5cm四方に切る。
- 型にグラシンカップを敷く。
- オーブンは適当なタイミングで180℃に予熱する。

Note

- 2つの生地を混ぜすぎるとマーブル模様がきれいに出ないので気をつける。
- かぼちゃの下準備は電子レンジでも可。ラップをして500Wで5〜6分加熱する。

作り方

1. ボウルにAの薄力粉と全粒薄力粉をあわせてふるい入れ、さらにAの残りの材料を加え、ゴムべらでざっと混ぜてなじませる。

2. Aの1/2量（174g）を別のボウルに量りながら取り分け（a）、ココアパウダーを加えてゴムべらでざっと混ぜてなじませる。

3. Bと3cm角に切ったかぼちゃの身は一緒にハンディブレンダーでなめらかになるまで撹拌する。

4. 2のボウルにBの1/2量強（300g）を加え、ゴムべらで底からすくい返すようにして10〜15回混ぜ、さらに切るようにして20〜25回混ぜて、なめらかで伸びのある生地にする。生地が硬ければ豆乳約10ml（分量外）を少しずつ加え混ぜて調整する。

5. 1のボウルに残りのBを加え、ゴムべらで底からすくい返すようにして10〜15回混ぜ、さらに切るようにして20〜25回混ぜて、なめらかで伸びのある生地にする。生地が硬ければ豆乳約10ml（分量外）を少しずつ加え混ぜて調整する。

6. 4のボウルに1.5cm角に切ったかぼちゃと1.5cm四方に切ったかぼちゃの皮を加える。さらに5を加え（b）、大きく5〜6回混ぜる（c）。

7. 型に6を等分に入れ、かぼちゃの種をのせる。天板に型をのせる。

8. 予熱したオーブンに天板をセットし、25〜30分焼く。生地に竹串を刺してもなにもついてこなければ、型から取り出し、網にのせる。

(a)　　　(b)　　　(c)

小麦ふすまとラムレーズンのマフィン

素朴すぎる味になりがちな小麦ふすまにブラウンシュガーで風味とこくをプラス
ぱさつきやすいので、豆腐の量を増やしてしっとり感も十分です

wheat bran / rum raisin / white chocolate

材料（直径7.5cmのマフィン型6個分）

A｜ 薄力粉 — 60g
　　全粒薄力粉 — 60g
　　小麦ふすま — 60g
　　アーモンドパウダー — 60g
　　てんさい糖 — 45g
　　ブラウンシュガー — 30g
　　ベーキングパウダー — 小さじ2
　　塩 — ひとつまみ

B｜ 木綿豆腐 — 200g
　　植物油 — 大さじ4
　　メープルシロップ — 大さじ6
　　豆乳（成分無調整） — 80mℓ

［ ラムレーズン ］
　　レーズン — 50g
　　ラム酒 — 適量

ホワイトチョコチップ — 60g
小麦ふすま（好みで） — 少々

小麦ふすま

別名「小麦ブラン」。製粉の際に取り除かれる小麦の硬い外皮部分。栄養価が高く、食物繊維を豊富に含み、低糖質。

下準備

- ラムレーズンを作る。レーズンは浸るくらいのラム酒に5〜6時間漬け、汁けをきる。
- 豆腐は30分ほど水きりして160gにする。
- 型にグラシンカップを敷く。
- オーブンは適当なタイミングで180℃に予熱する。

作り方

1. ボウルにAの薄力粉と全粒薄力粉をあわせてふるい入れ、さらにAの残りの材料を加え、ゴムべらでざっと混ぜてなじませる。

2. Bはハンディブレンダーでなめらかになるまで攪拌する。

3. ボウルにBを加え、ゴムべらで底からすくい返すようにして10〜15回混ぜ、さらに切るようにして20〜25回混ぜて、なめらかで伸びのある生地にする。生地が硬ければ豆乳約20mℓ（分量外）を少しずつ加え混ぜて調整する。ラムレーズンを加え、大きく3〜4回混ぜる。

4. 型に3を等分に入れ、天板に型をのせる。

5. 予熱したオーブンに天板をセットし、25〜30分焼く。生地に竹串を刺してもなにもついてこなければ、型から取り出し、網にのせて冷ます。

6. ホワイトチョコチップは湯せんで溶かす。マフィンにかけ、小麦ふすまをふる。

Note

- ラムレーズンの漬け汁をとっておき、焼き上がったらすぐ表面に塗るとさらに香りがよくなる。

その他の生地

ミニトマトとオリーブのセイボリーマフィン

食べごたえ十分の食事用マフィン
トマトは1色でもよいのですが、2色以上あると華やかに

材料（直径7.5cmのマフィン型6個分）

- A
  - 薄力粉 —— 180g
  - 全粒薄力粉 —— 45g
  - アーモンドパウダー —— 50g
  - てんさい糖 —— 30g
  - ベーキングパウダー —— 小さじ2
  - 塩 —— 小さじ1
- B
  - 木綿豆腐 —— 150g
  - 植物油 —— 大さじ5
  - メープルシロップ —— 大さじ3
  - 豆乳（成分無調整）—— 120mℓ
- オリーブ（ブラック、グリーン・種抜き）—— 各80g
- くるみ（ロースト済み）—— 60g
- ミニトマト（赤、オレンジ、黄色、緑）—— 各2個
- オリーブオイル —— 適量

下準備

- 豆腐は30分ほど水きりして120gにする。
- オリーブは4つ割りにする。
- くるみは手で粗く割る。
- ミニトマトは横に2〜3等分に切る。
- 型にグラシンカップを敷く。
- オーブンは適当なタイミングで180℃に予熱する。

作り方

1. ボウルにAの薄力粉と全粒薄力粉をあわせてふるい入れ、さらにAの残りの材料を加え、ゴムべらでざっと混ぜてなじませる。

2. Bはハンディブレンダーでなめらかになるまで撹拌する。

3. ボウルにBを加え、ゴムべらで底からすくい返すようにして10〜15回混ぜ、さらに切るようにして20〜25回混ぜて、なめらかで伸びのある生地にする。生地が硬ければ豆乳約20mℓ（分量外）を少しずつ加え混ぜて調整する。オリーブとくるみを加え、大きく3〜4回混ぜる。

4. 型に3を等分に入れる。ミニトマトを彩りよくのせて軽く押し込み、ミニトマトにオリーブオイルを少しずつかける。天板に型をのせる。

5. 予熱したオーブンに天板をセットし、25〜30分焼く。生地に竹串を刺してもなにもついてこなければ、型から取り出し、網にのせる。

紫玉ねぎとチーズのセイボリーマフィン

じっくり焼くので玉ねぎは生のままでも甘みは十分

アボカドとクリームチーズの
セイボリーマフィン

仕上げの黒こしょうは多めにふると味が引き締まります

紫玉ねぎとチーズのセイボリーマフィン

purple onion / cheese / thyme

材料（直径7.5cmのマフィン型6個分）

- A｜薄力粉 —— 180g
  全粒薄力粉 —— 45g
  アーモンドパウダー —— 50g
  てんさい糖 —— 30g
  ベーキングパウダー —— 小さじ2
  塩 —— 小さじ1
- B｜木綿豆腐 —— 150g
  植物油 —— 大さじ5
  メープルシロップ —— 大さじ3
  豆乳（成分無調整） —— 120㎖
- C｜紫玉ねぎ（または玉ねぎ） —— 1/2個
  好みのチーズ（チェダーなど） —— 70g
  タイム —— 4枝
- D｜紫玉ねぎ（または玉ねぎ） —— 1/4個
  好みのチーズ（チェダーなど） —— 10g
  カシューナッツ —— 6個
  オリーブオイル —— 適量
- E｜タイム —— 適量
  粗びき黒こしょう —— 適量

下準備

- 豆腐は30分ほど水きりして120gにする。
- 紫玉ねぎ1/2個と1/4個はそれぞれ厚さ5mmのくし形切りにする。
- チーズ70gと10gはそれぞれ1cm角に切る。
- タイム4枝は葉を摘み、適量は茎ごと長さ2cmに切る。
- 型にグラシンカップを敷く。
- オーブンは適当なタイミングで180℃に予熱する。

アボカドとクリームチーズのセイボリーマフィン

avocado / cream cheese

材料（直径7.5cmのマフィン型6個分）

- A｜薄力粉 —— 180g
  全粒薄力粉 —— 45g
  アーモンドパウダー —— 50g
  てんさい糖 —— 30g
  ベーキングパウダー —— 小さじ2
  塩 —— 小さじ1
- B｜木綿豆腐 —— 150g
  植物油 —— 大さじ5
  メープルシロップ —— 大さじ3
  豆乳（成分無調整） —— 120㎖
- C｜アボカド —— 3/4個
  クリームチーズ —— 100g
- D｜アボカド —— 1/4個
  アーモンド —— 30g
  オリーブオイル —— 適量
- E｜粗びき黒こしょう —— 適量

下準備

- 豆腐は30分ほど水きりして120gにする。
- アボカド3/4個は2cm角に切り、1/4個は6等分のくし形切りにしてから長さを半分に切る。
- クリームチーズは1cm角に切る。
- アーモンドは粗く刻む。
- 型にグラシンカップを敷く。
- オーブンは適当なタイミングで180℃に予熱する。

共通の作り方

1. ボウルにAの薄力粉と全粒薄力粉をあわせてふるい入れ、さらにAの残りの材料を加え、ゴムべらでざっと混ぜてなじませる。
2. Bはハンディブレンダーでなめらかになるまで攪拌する。
3. ボウルにBを加え、ゴムべらで底からすくい返すようにして10〜15回混ぜ、さらに切るようにして20〜25回混ぜて、なめらかで伸びのある生地にする。生地が硬ければ豆乳約20㎖（分量外）を少しずつ加え混ぜて調整する。Cを加え、大きく3〜4回混ぜる。
4. 型に3を等分に入れる。Dをのせて軽く押し込み、野菜にオリーブオイルを少しずつかける。天板に型をのせる。
5. 予熱したオーブンに天板をセットし、25〜30分焼く。生地に竹串を刺してもなにもついてこなければEを散らす。型から取り出し、網にのせる。

セイボリー生地

マフィンのトッピング

クランブル *crumble*

マフィンには欠かせないトッピング。
粉を油分でそぼろ状にまとめたもので、
さくっとした食感がほどよいアクセントになります。
レシピにはなくても、好みで追加して構いません。

クランブル

材料（約75g分）

A │ 薄力粉 —— 30g
　│ アーモンドパウダー —— 15g
　│ てんさい糖 —— 15g
植物油 —— 大さじ1と1/2〜

ココアクランブル

材料（約75g分）

A │ 薄力粉 —— 30g
　│ アーモンドパウダー —— 15g
　│ ココアパウダー —— 小さじ2
　│ てんさい糖 —— 15g
植物油 —— 大さじ1と1/2〜

Note

- 薄力粉を使用したが、全粒薄力粉で作っても構わない。
- 多めに作り、冷凍用のジッパーつきのポリ袋や保存容器に入れて冷凍保存してもよい。目安は1か月ほど。使用するときは凍ったままのせる。

共通の作り方

1. ボウルにAを入れ、指を立て、ざっと混ぜてなじませる（a）。
2. 植物油を少し残して加え、指を立てて、油が全体に行き渡るように混ぜる（b）。そぼろ状になればOK（c）。
3. 型に入れた生地の表面を覆うようにのせる（d）。

(a)
全体がまんべんなく混ざればOK。

(b)
油の量は粉や気温などによって変わるので全量を加えず、少し残しておく。粉けが残っていれば追加する。指は広げ、大きな円を描くようにして全体をぐるぐる混ぜる。均一に混ざるよう、ときどきやさしくすり合わせる。

(c)
粒の大きさはバラバラでも構わない。つぶれてしまうので、もんだり、練り混ぜたりしないこと。粒が大きいものが好みの場合は油の量を増やし、小さくてさらさらとしたものが好みの場合は控えめにする。

(d)
生地が膨らむと落ちやすいので軽く押さえるとよい。

米あめキャラメリゼ

caramelized

米あめとナッツなどを混ぜたものをのせて焼くと、
香ばしさがグンと増します。
少し見た目は変わりますが、
メープルシロップでも作れます。
好みで追加してください。

材料（マフィン6個分）

- カシューナッツ（粗く刻む）—— 15g
- ヘーゼルナッツ（粗く刻む）—— 15g
- くるみ（粗く刻む）—— 15g
- アーモンド（粗く刻む）—— 15g
- 米あめ —— 大さじ1強

米あめ

米を麦芽で糖化して煮詰めた、伝統的な製法で作られる甘味料。製菓食材店や自然食品店などで購入できる。硬い場合は湯せんにかけてから使う。はちみつやメープルシロップで代用可。

Note

- レシピによって微妙に分量が異なるが、基本的にはこのくらいのバランス。ナッツは総量が同程度なら好みのもので構わない。
- 米あめでなく、メープルシロップで作るキャラメリゼの作り方も同様。

作り方

1. ボウルに材料をすべて入れ、ゴムべらで米あめが全体にからまるように混ぜる (a)。
2. 型に入れた生地の中心にのせる (b)。

(a)

(b)

小さめの硬いゴムべらを使うと混ぜやすい。米あめが全体に行き渡るようにしっかりと混ぜる。

米あめが下に流れると型に入り込み、マフィンが取り出しにくくなる。ナッツなどの量が多い場合は中心にひとかたまりにしてのせる。

SCONE ROLLS

くるくるスコーン

ジャムのロールスコーン → P52

【 SCONE ROLLS ／ 基本の作り方 】
ジャムのロールスコーン

植物油や豆乳で作ったやわらかめのスコーン生地に、
ジャムやあんこを巻いてできあがり。
表面はさくさく、中はふわふわとした食感のおもしろさ、
フィリングとの組み合わせの楽しさをご堪能ください。

材料（直径6cm 6個分）

- A
  - 植物油 —— 50ml
  - 豆乳（成分無調整）—— 80ml
  - 酢 —— 小さじ1と1/2
- B
  - 全粒薄力粉 —— 100g
  - 薄力粉 —— 30g
  - てんさい糖 —— 15g
  - ベーキングパウダー —— 小さじ2
  - 塩 —— ひとつまみ
- ジャム（ブルーベリーなど）—— 80g
- アーモンドスライス（ロースト済み）—— 15g

Note

- ジャムは味がしっかりしているものがおすすめ。水分の多いものは巻くときにはみ出る可能性があるので、その場合は少し煮詰めて硬くする。
- 全粒薄力粉と薄力粉の代わりに全粒中力粉130gを使用してもよい。初心者は全粒中力粉のほうが扱いやすい。
- アーモンドスライスの代わりにアーモンドを粗く刻んで使用してもよい。

下準備

- まな板に打ち粉適量（分量外）をふる (a)。
- 天板にオーブン用シートを敷く。
- オーブンは適当なタイミングで180℃に予熱する。

(a) 打ち粉は全粒薄力粉を使用。生地をのばすときにべたつくので気持ち多めにふり、広げておく。

作り方

1. ボウルにAを入れ、泡立て器で全体がなじむまでよく混ぜる (b)。

(b) 泡立て器をボウルの縁に沿わせて混ぜると液体のなじみが早い。

2. 別のボウルにBを入れ、ゴムべらでざっと混ぜてなじませる (c)。Aを加え、底から大きくすくい返すようにして10～15回、粉けがなくなり、全体がまとまるまで混ぜる (d) (e) (f)。

(c) ゴムべらで空気を含ませるようにして底からすくい、全体をまんべんなく混ぜる。

(d) 片手でボウルを回しながら、ゴムべらで底から大きくすくい返すようにして10～15回混ぜる。

(e) 途中でときどき切るように混ぜるとだまになりにくい。混ぜる回数は目安なので状態を見て判断する。

(f) ゴムべらに生地がくっつかなくなり、ひとまとまりになればOK。

3.

まな板に2をのせる。指で軽く押さえて横長の長方形に広げ(g)、生地の奥と手前、左右を折り返す(h)。これを3〜4回繰り返し、めん棒で横21×縦16cmほどの長方形にのばす(i)(j)。

(g) 打ち粉の上で作業する。長方形に広げ、表面を平らにすると折り返しやすい。

(h) 生地がまとまってのばしやすくなり、大きさは13×10cmほどになる。

(i) 縦方向と横方向に転がし、厚みが均一になるようにする。厚みの目安は1cmほど。

(j) 四隅は直角になるように手で形を整える。

4.

奥は2cmほど、残りの3辺は5mmほどを残してジャムを均一に塗り(k)、ジャムの上にアーモンドスライスを散らす。手前から巻き(l)(m)、巻き終わりをつまんで閉じる(n)。

(k) 巻いたときにフィリングがはみ出ないよう、生地の縁は少し残しておく。

(l) 巻き始めは手前の左端から順に生地を少し持ち上げ、内側に巻き込む。

(m) 右端はのびやすいので、外側にはみ出ないよう、内側に巻き込むようにする。

(n) 巻き終わりはしっかりと閉じる。生地に裂け目などがあっても気にする必要はない。

5.

巻き終わりを下にし、長さを6等分に切る(o)。寝かせて天板にのせ(両端は断面を上にする)(p)、予熱したオーブンで20分ほど焼く。指ではさんで押してみて、中心がやわらかくなければOK(q)。オーブン用シートごと網にのせる。

(o) 真ん中を切ってからそれぞれ3等分にすると切りやすい。両端は小さくなりがちなので、厚めに切る。

(p) 手で円形に整える。オーブンは中・下段で焼成し、15分ほどで天板の前後を入れ替えると焼きむらがなくなる。

(q) 指ではさんでみて、中がふかふかな場合はオーブンに戻し、追加で5分ずつ様子を見ながら焼く。やけどに注意。

保存の方法

常温 冷ましてからラップで包み、2日ほど保存可。チョコレートやクリームをかけたものは1日ほど。

冷凍 冷ましてからラップで包み、冷凍用のジッパーつきのポリ袋に入れて冷凍室に入れる。目安は2週間ほど。食べるときは180℃に予熱したオーブンに凍ったまま入れて5〜6分加熱し、そのまま10分ほどおいて余熱で火を通す。チョコレートなどをかけるものは、かける前に冷凍する。

シナモンシュガーのロールスコーン

シナモンロールをイメージしたスコーン
ほんのり酸味の利いたチーズクリームがシナモンの香りを引き立てます

材料（直径7cm 4個分）

- A
  - 植物油 —— 50㎖
  - 豆乳（成分無調整）—— 80㎖
  - 酢 —— 小さじ1と1/2
- B
  - 全粒薄力粉 —— 100g
  - 薄力粉 —— 30g
  - てんさい糖 —— 15g
  - ベーキングパウダー —— 小さじ2
  - 塩 —— ひとつまみ
- シナモンパウダー —— 小さじ2
- ブラウンシュガー —— 小さじ2
- はちみつ —— 大さじ1
- ［ チーズクリーム ］
  - クリームチーズ —— 50g
  - てんさい糖 —— 10g
  - レモン果汁 —— 小さじ1/4

下準備

- クリームチーズは常温にもどす。
- まな板に打ち粉適量（分量外）をふる。
- 天板にオーブン用シートを敷く。
- オーブンは適当なタイミングで180℃に予熱する。

Note

- 通常は生地を横長にのばして6等分に切っているが、このロールスコーンはフィリングが薄いので、縦長にのばして4等分に切り、通常よりも多めに巻いて、ボリュームを出している。
- ブラウンシュガーの代わりにきび砂糖でも構わない。

作り方

1. ボウルにAを入れ、泡立て器で全体がなじむまでよく混ぜる。

2. 別のボウルにBを入れ、ゴムべらでざっと混ぜてなじませる。Aを加え、底から大きくすくい返すようにして10〜15回、粉がなくなり、全体がまとまるまで混ぜる。

3. まな板に2をのせる。指で軽く押さえて縦長の長方形に広げ、生地の奥と手前、左右を折り返す。これを3〜4回繰り返し、めん棒で横16×縦21cmほどの長方形にのばす。

4. 奥は2cmほど、残りの3辺は5mmほどを残してシナモンパウダー、ブラウンシュガーの順に均一にふり(a)、その上にはちみつをかける。手前から巻き、巻き終わりをつまんで閉じる。

(a)

5. 巻き終わりを下にし、長さを4等分に切る。寝かせて天板にのせ（両端は断面を上にする）、予熱したオーブンで20分ほど焼く。指ではさんで押してみて、中心がやわらかくなければOK。オーブン用シートごと網にのせて冷ます。

6. チーズクリームを作る。ボウルにチーズクリームの材料を入れ、ゴムべらでなめらかになるまでよく練り混ぜ、スコーンに塗る。

黒糖とナッツのロールスコーン

ナッツは好みのものを組み合わせてもおいしく仕上がります

材料（直径6cm 6個分）

[米あめキャラメリゼ]
- ヘーゼルナッツ（ロースト済み） — 15g
- アーモンド（ロースト済み） — 15g
- アーモンドスライス（ロースト済み） — 10g
- 米あめ — 大さじ2

A
- 植物油 — 50ml
- 豆乳（成分無調整） — 80ml
- 酢 — 小さじ1と1/2

B
- 全粒薄力粉 — 100g
- 薄力粉 — 30g
- てんさい糖 — 15g
- ベーキングパウダー — 小さじ2
- 塩 — ひとつまみ

黒糖（粉末） — 大さじ1
シナモンパウダー（好みで） — 小さじ1〜2

下準備

- ヘーゼルナッツは半分に切る。
- アーモンドは粗く刻む。
- まな板に打ち粉適量（分量外）をふる。
- 天板にオーブン用シートを敷く。
- オーブンは適当なタイミングで180℃に予熱する。

作り方

1. 米あめキャラメリゼを作る。ボウルに米あめキャラメリゼの材料を入れ、ゴムべらで米あめが全体にからまるように混ぜる。

2. 別のボウルにAを入れ、泡立て器で全体がなじむまでよく混ぜる。

3. さらに別のボウルにBを入れ、ゴムべらでざっと混ぜてなじませる。Aを加え、底から大きくすくい返すようにして10〜15回、粉けがなくなり、全体がまとまるまで混ぜる。

4. まな板に3をのせる。指で軽く押さえて横長の長方形に広げ、生地の奥と手前、左右を折り返す。これを3〜4回繰り返し、めん棒で横21×縦16cmほどの長方形にのばす。

5. 奥は2cmほど、残りの3辺は5mmほどを残して黒糖、シナモンパウダーの順に均一にふり、その上に1の米あめキャラメリゼを散らす。手前から巻き、巻き終わりをつまんで閉じる。

6. 巻き終わりを下にし、長さを6等分に切る。寝かせて天板にのせ（両端は断面を上にする）、予熱したオーブンで20分ほど焼く。指ではさんで押してみて、中心がやわらかくなければOK。オーブン用シートごと網にのせる。

バナナとピーナッツバターのロールスコーン

ココア生地が甘みをしっかり受け止めて、隠し味のオレンジでさわやかなあと味に

材料（直径6cm 6個分）

A | 植物油 —— 50ml
  | 豆乳（成分無調整）—— 80ml
  | 酢 —— 小さじ1と1/2

B | 全粒薄力粉 —— 100g
  | 薄力粉 —— 30g
  | ココアパウダー —— 15g
  | てんさい糖 —— 20g
  | ベーキングパウダー —— 小さじ2
  | 塩 —— ひとつまみ
  | オレンジの皮 —— 1/2個分

ピーナッツバター（無糖）—— 大さじ2
バナナ —— 50g
はちみつ —— 小さじ2
オートミール（あれば）—— 適量

下準備

- オレンジの皮はすりおろす。
- バナナは厚さ3mmの輪切りにする。
- まな板に打ち粉適量（分量外）をふる。
- 天板にオーブン用シートを敷く。
- オーブンは適当なタイミングで180℃に予熱する。

作り方

1. ボウルにAを入れ、泡立て器で全体がなじむまでよく混ぜる。

2. 別のボウルにBを入れ、ゴムべらでざっと混ぜてなじませる。Aを加え、底から大きくすくい返すようにして10〜15回、粉けがなくなり、全体がまとまるまで混ぜる。

3. まな板に2をのせる。指で軽く押さえて横長の長方形に広げ、生地の奥と手前、左右を折り返す。これを3〜4回繰り返し、めん棒で横21×縦16cmほどの長方形にのばす。

4. 奥は2cmほど、残りの3辺は5mmほど残してピーナッツバターを均一に塗る。ピーナッツバターの手前から2cmほどのところにバナナの1/2量を横1列に並べ、3cmほど間隔をあけて残りのバナナを横1列に並べる。ピーナッツバターとバナナにはちみつをかける。手前から巻き、巻き終わりをつまんで閉じる。

5. 巻き終わりを下にし、長さを6等分に切る。寝かせて天板にのせ（両端は断面を上にする）、オートミールを散らして予熱したオーブンで20分ほど焼く。指ではさんで押してみて、中心がやわらかくなければOK。オーブン用シートごと網にのせる。

クランベリーとピーナッツバターの
ロールスコーン

最後に溶かしたホワイトチョコをかけて濃厚なスコーンに
クランベリーの酸味で味にコントラストをつけます

cranberry / peanut butter / white chocolate

材料（直径6cm 6個分）

- A
  - 植物油 —— 50mℓ
  - 豆乳（成分無調整）—— 80mℓ
  - 酢 —— 小さじ1と1/2
- B
  - 全粒薄力粉 —— 100g
  - 薄力粉 —— 30g
  - てんさい糖 —— 15g
  - ベーキングパウダー —— 小さじ2
  - 塩 —— ひとつまみ
- ピーナッツバター（無糖）—— 大さじ2
- ドライクランベリー —— 30g＋適量
- はちみつ —— 小さじ2
- ホワイトチョコチップ —— 30g

ピーナッツバター（無糖）

ピーナッツをペースト状にしたもの。砂糖、塩、乳化剤などを加えていないものを使用。

下準備

- ドライクランベリー30gは熱湯に15分ほど浸して水けをきり、適量は熱湯に浸さずに粗く刻む。
- まな板に打ち粉適量（分量外）をふる。
- 天板にオーブン用シートを敷く。
- オーブンは適当なタイミングで180℃に予熱する。

作り方

1. ボウルにAを入れ、泡立て器で全体がなじむまでよく混ぜる。

2. 別のボウルにBを入れ、ゴムべらでざっと混ぜてなじませる。Aを加え、底から大きくすくい返すようにして10～15回、粉けがなくなり、全体がまとまるまで混ぜる。

3. まな板に2をのせる。指で軽く押さえて横長の長方形に広げ、生地の奥と手前、左右を折り返す。これを3～4回繰り返し、めん棒で横21×縦16cmほどの長方形にのばす。

4. 奥は2cmほど、残りの3辺は5mmほどを残してピーナッツバターを均一に塗り、ピーナッツバターの上にドライクランベリー30gを散らし、はちみつをかける。手前から巻き、巻き終わりをつまんで閉じる。

5. 巻き終わりを下にし、長さを6等分に切る。寝かせて天板にのせ（両端は断面を上にする）、予熱したオーブンで20分ほど焼く。指ではさんで押してみて、中心がやわらかくなければOK。オーブン用シートごと網にのせて冷ます。

6. ホワイトチョコチップは湯せんで溶かす。スコーンにかけ、ドライクランベリー適量を散らす。

Note

- ドライクランベリーはレーズンで代用してもよい。

あんことシナモンナッツの
ロールスコーン

ロールスコーンでもっとも評判がいいのがあんこ味
ヘーゼルナッツやピーカンナッツでもおいしい

材料（直径7cm 6個分）

A｜植物油 —— 50mℓ
　｜豆乳（成分無調整） —— 80mℓ
　｜酢 —— 小さじ1と1/2

B｜全粒薄力粉 —— 100g
　｜薄力粉 —— 30g
　｜てんさい糖 —— 15g
　｜ベーキングパウダー —— 小さじ2
　｜塩 —— ひとつまみ

粒あん（市販） —— 160g
てんさい糖 —— 大さじ1
シナモンパウダー —— 小さじ1〜2
くるみ（ロースト済み） —— 30g
アーモンドスライス（ロースト済み） —— 10g
米あめ —— 大さじ1〜2

下準備

- くるみは手で粗く割る。
- まな板に打ち粉適量（分量外）をふる。
- 天板にオーブン用シートを敷く。
- オーブンは適当なタイミングで180℃に予熱する。

作り方

1. ボウルにAを入れ、泡立て器で全体がなじむまでよく混ぜる。

2. 別のボウルにBを入れ、ゴムべらでざっと混ぜてなじませる。Aを加え、底から大きくすくい返すようにして10〜15回、粉けがなくなり、全体がまとまるまで混ぜる。

3. まな板に2をのせる。指で軽く押さえて横長の長方形に広げ、生地の奥と手前、左右を折り返す。これを3〜4回繰り返し、めん棒で横21×縦16cmほどの長方形にのばす。

4. 奥は2cmほど、残りの3辺は5mmほどを残して粒あんを均一に塗り、粒あんの上にてんさい糖とシナモンパウダーをふり、くるみとアーモンドスライスを散らして米あめをかける。手前から巻き、巻き終わりをつまんで閉じる。

5. 巻き終わりを下にし、長さを6等分に切る。寝かせて天板にのせ（両端は断面を上にする）、予熱したオーブンで20分ほど焼く。指ではさんで押してみて、中心がやわらかくなければOK。オーブン用シートごと網にのせる。

Note

- ここでは粒あんを使用したが、こしあんでもOK。すくったときになかなか落ちないくらいの硬さが理想的（a）。ゆるい場合は少し煮詰める。
- 粒あんを手作りする場合は、圧力鍋に小豆1/4カップと水約3/4カップを入れて熱し、圧力がかかったら25分ほど加圧する。火を止め、圧力が下がったら米あめ大さじ2〜3を加えて煮詰め、塩少々を加え混ぜて冷ます。

(a)

あんこといちごのロールスコーン

いちご大福をイメージした組み合わせは間違いのないおいしさ
見た目のかわいらしさもいちごならでは

材料（直径7cm 6個分）

A　植物油 — 50㎖
　　豆乳（成分無調整） — 80㎖
　　酢 — 小さじ1と1/2
B　全粒薄力粉 — 100g
　　薄力粉 — 30g
　　てんさい糖 — 15g
　　ベーキングパウダー — 小さじ2
　　塩 — ひとつまみ
粒あん（市販） — 160g
いちご — 100g ＋大1個

下準備

- いちご100gは4〜6つ割りにし、いちご大1個は6つ割りにする。
- まな板に打ち粉適量（分量外）をふる。
- 天板にオーブン用シートを敷く。
- オーブンは適当なタイミングで180℃に予熱する。

作り方

1. ボウルにAを入れ、泡立て器で全体がなじむまでよく混ぜる。

2. 別のボウルにBを入れ、ゴムべらでざっと混ぜてなじませる。Aを加え、底から大きくすくい返すようにして10〜15回、粉けがなくなり、全体がまとまるまで混ぜる。

3. まな板に2をのせる。指で軽く押さえて横長の長方形に広げ、生地の奥と手前、左右を折り返す。これを3〜4回繰り返し、めん棒で横21×縦16cmほどの長方形にのばす。

4. 奥は2cmほど、残りの3辺は5mmほどを残して粒あんを均一に塗る。粒あんの手前から2cmほどのところに4〜6つ割りにしたいちごの1/2量を横1列に並べ、3cmほど間隔をあけて残りのいちごを横1列に並べる(a)。手前から巻き、巻き終わりをつまんで閉じる。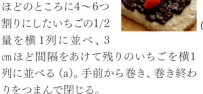

5. 巻き終わりを下にし、長さを6等分に切る。寝かせて天板にのせ（両端は断面を上にする）、6つ割りにしたいちごを粒あんの上にのせて軽く押し込み、予熱したオーブンで20分ほど焼く。指ではさんで押してみて、中心がやわらかくなければOK。オーブン用シートごと網にのせる。

Note

- トッピングのいちごは焼成中に落ちないよう、断面の粒あん部分にのせて軽く押し込む。

アーモンドクリームと
チョコチップのロールスコーン

リッチなアーモンドクリームは混ぜるだけで完成
チョコをはじめ、さまざまな食材とよく合います

材料（直径6cm 6個分）

［アーモンドクリーム］
- アーモンドパウダー —— 60g
- てんさい糖 —— 20g
- メープルシロップ —— 小さじ2
- 豆乳（成分無調整）—— 小さじ4
- 植物油 —— 小さじ4

A
- 植物油 —— 50㎖
- 豆乳（成分無調整）—— 80㎖
- 酢 —— 小さじ1と1/2

B
- 全粒薄力粉 —— 100g
- 薄力粉 —— 30g
- てんさい糖 —— 15g
- ベーキングパウダー —— 小さじ2
- 塩 —— ひとつまみ

チョコチップ —— 35g

下準備

- まな板に打ち粉適量（分量外）をふる。
- 天板にオーブン用シートを敷く。
- オーブンは適当なタイミングで180℃に予熱する。

作り方

1. アーモンドクリームを作る。ボウルにアーモンドパウダーとてんさい糖を入れ、ゴムべらでざっと混ぜてなじませる。さらに残りの材料を加え、全体がなめらかになるまでよく混ぜる（a）。

 (a)

2. 別のボウルにAを入れ、泡立て器で全体がなじむまでよく混ぜる。

3. さらに別のボウルにBを入れ、ゴムべらでざっと混ぜてなじませる。Aを加え、底から大きくすくい返すようにして10〜15回、粉けがなくなり、全体がまとまるまで混ぜる。

4. まな板に3をのせる。指で軽く押さえて横長の長方形に広げ、生地の奥と手前、左右を折り返す。これを3〜4回繰り返し、めん棒で横21×縦16cmほどの長方形にのばす。

5. 奥は2cmほど、残りの3辺は5mmほどを残して1のアーモンドクリームを均一に塗り、アーモンドクリームの上にチョコチップを散らす。手前から巻き、巻き終わりをつまんで閉じる。

6. 巻き終わりを下にし、長さを6等分に切る。寝かせて天板にのせ（両端は断面を上にする）、予熱したオーブンで20分ほど焼く。指ではさんで押してみて、中心がやわらかくなければOK。オーブン用シートごと網にのせる。

Note

- バターや卵を使わないアーモンドクリームは、分離する心配がなく、とても簡単に作れる。

アーモンドクリームと
紅茶のロールスコーン

スコーンといえば紅茶！ 生地に練り込んだ茶葉の香りが
紅茶との相性をますますよくしてくれます

材料（直径6cm 6個分）

[アーモンドクリーム]
- アーモンドパウダー ── 60g
- てんさい糖 ── 20g
- メープルシロップ ── 小さじ2
- 豆乳（成分無調整）── 小さじ4
- 植物油 ── 小さじ4

A
- 植物油 ── 50mℓ
- 豆乳（成分無調整）── 80mℓ
- 酢 ── 小さじ1と1/2

B
- 全粒薄力粉 ── 100g
- 薄力粉 ── 30g
- てんさい糖 ── 15g
- ベーキングパウダー ── 小さじ2
- 塩 ── ひとつまみ
- 紅茶の茶葉（製菓用・アールグレイ）── 大さじ1/2

ピーカンナッツ（ロースト済み）── 30g
アーモンドスライス（ロースト済み）── 10g

下準備
- ピーカンナッツは手で粗く割る。
- まな板に打ち粉適量（分量外）をふる。
- 天板にオーブン用シートを敷く。
- オーブンは適当なタイミングで180℃に予熱する。

作り方

1. アーモンドクリームを作る。ボウルにアーモンドパウダーとてんさい糖を入れ、ゴムべらでざっと混ぜてなじませる。さらに残りの材料を加え、全体がなめらかになるまでよく混ぜる。

2. 別のボウルにAを入れ、泡立て器で全体がなじむまでよく混ぜる。

3. さらに別のボウルにBを入れ、ゴムべらでざっと混ぜてなじませる。Aを加え、底から大きくすくい返すようにして10〜15回、粉けがなくなり、全体がまとまるまで混ぜる。

4. まな板に3をのせる。指で軽く押さえて横長の長方形に広げ、生地の奥と手前、左右を折り返す。これを3〜4回繰り返し、めん棒で横21×縦16cmほどの長方形にのばす。

5. 奥は2cmほど、残りの3辺は5mmほどを残して1のアーモンドクリームを均一に塗り、アーモンドクリームの上にピーカンナッツとアーモンドスライスを散らす。手前から巻き、巻き終わりをつまんで閉じる。

6. 巻き終わりを下にし、長さを6等分に切る。寝かせて天板にのせ（両端は断面を上にする）、予熱したオーブンで20分ほど焼く。指ではさんで押してみて、中心がやわらかくなければOK。オーブン用シートごと網にのせる。

Note
- 香りの強いアールグレイを使用。製菓用の粉砕タイプがない場合はすり鉢に入れ、すって細かくする。

ココアのアーモンドクリームとラズベリーのロールスコーン

アーモンドクリームにココアの風味をプラスしてしっかり味に

ココアのアーモンドクリームとココナッツのロールスコーン

ココナッツロングが加わってますます魅力的な食感に

ココアのアーモンドクリームと
ラズベリーのロールスコーン

材料（直径7cm 6個分）

[ココアアーモンドクリーム]
- アーモンドパウダー — 60g
- てんさい糖 — 20g
- ココアパウダー — 5g
- メープルシロップ — 小さじ2
- 豆乳（成分無調整）— 小さじ5
- 植物油 — 小さじ4

A
- 植物油 — 50mℓ
- 豆乳（成分無調整）— 80mℓ
- 酢 — 小さじ1と1/2

B
- 全粒薄力粉 — 100g
- 薄力粉 — 30g
- てんさい糖 — 15g
- ベーキングパウダー — 小さじ2
- 塩 — ひとつまみ

ラズベリー — 50g

下準備

- ラズベリー（冷凍の場合は解凍し、ペーパータオルで水けを拭く）は縦半分に切る。
- まな板に打ち粉適量（分量外）をふる。
- 天板にオーブン用シートを敷く。
- オーブンは適当なタイミングで180℃に予熱する。

ココアのアーモンドクリームと
ココナッツのロールスコーン

材料（直径6cm 6個分）

[ココアアーモンドクリーム]
- アーモンドパウダー — 60g
- てんさい糖 — 20g
- ココアパウダー — 5g
- メープルシロップ — 小さじ2
- 豆乳（成分無調整）— 小さじ5
- 植物油 — 小さじ4

A
- 植物油 — 50mℓ
- 豆乳（成分無調整）— 80mℓ
- 酢 — 小さじ1と1/2

B
- 全粒薄力粉 — 100g
- 薄力粉 — 30g
- てんさい糖 — 15g
- ベーキングパウダー — 小さじ2
- 塩 — ひとつまみ
- レモンの皮 — 1/2個分

ココナッツロング — 30g
チョコレート（ビター）— 20g

下準備

- レモンの皮はすりおろす。
- チョコレートは5mm角に切る。
- まな板に打ち粉適量（分量外）をふる。
- 天板にオーブン用シートを敷く。
- オーブンは適当なタイミングで180℃に予熱する。

共通の作り方

1. ココアアーモンドクリームを作る。ボウルにアーモンドパウダー、てんさい糖、ココアパウダーを入れ、ゴムべらでざっと混ぜてなじませる。さらに残りの材料を加え、全体がなめらかになるまでよく混ぜる。

2. 別のボウルにAを入れ、泡立て器で全体がなじむまでよく混ぜる。

3. さらに別のボウルにBを入れ、ゴムべらでざっと混ぜてなじませる。Aを加え、底から大きくすくい返すようにして10〜15回、粉けがなくなり、全体がまとまるまで混ぜる。

4. まな板に3をのせる。指で軽く押さえて横長の長方形に広げ、生地の奥と手前、左右を折り返す。これを3〜4回繰り返し、めん棒で横21×縦16cmほどの長方形にのばす。

5. 奥は2cmほど、残りの3辺は5mmほど残して1のココアアーモンドクリームを均一に塗る。「ラズベリーのロールスコーン」はココアアーモンドクリームの手前から2cmほどのところにラズベリーの1/2量を横1列に並べ、3cmほど間隔をあけて残りのラズベリーを横1列に並べる。「ココナッツのロールスコーン」はココアアーモンドクリームの上にココナッツロングとチョコレートを散らす。手前から巻き、巻き終わりをつまんで閉じる。

6. 巻き終わりを下にし、長さを6等分に切る。寝かせて天板にのせ（両端は断面を上にする）、予熱したオーブンで20分ほど焼く。指ではさんで押してみて、中心がやわらかくなければOK。オーブン用シートごと網にのせる。

抹茶のアーモンドクリームと
ホワイトチョコチップのロールスコーン

ほろ苦い抹茶にはマイルドなホワイトチョコが相性ぴったり

抹茶のアーモンドクリームと
ラムレーズンのロールスコーン

抹茶の苦みとラム酒の風味で大人向けの味

抹茶のアーモンドクリームと
ホワイトチョコチップのロールスコーン

matcha / almond cream / white chocolate chips

材料（直径6cm 6個分）

[抹茶アーモンドクリーム]
- アーモンドパウダー ── 60g
- てんさい糖 ── 20g
- 抹茶パウダー ── 小さじ2
- メープルシロップ ── 小さじ2
- 豆乳（成分無調整）── 小さじ5
- 植物油 ── 小さじ4

A
- 植物油 ── 50㎖
- 豆乳（成分無調整）── 80㎖
- 酢 ── 小さじ1と1/2

B
- 全粒薄力粉 ── 100g
- 薄力粉 ── 30g
- てんさい糖 ── 15g
- ベーキングパウダー ── 小さじ2
- 塩 ── ひとつまみ

C
- ホワイトチョコチップ ── 50g

下準備

- まな板に打ち粉適量（分量外）をふる。
- 天板にオーブン用シートを敷く。
- オーブンは適当なタイミングで180℃に予熱する。

共通の作り方

1. 抹茶アーモンドクリームを作る。ボウルにアーモンドパウダー、てんさい糖、抹茶パウダーを入れ、ゴムべらでざっと混ぜてなじませる。さらに残りの材料を加え、全体がなめらかになるまでよく混ぜる。

2. 別のボウルにAを入れ、泡立て器で全体がなじむまでよく混ぜる。

3. さらに別のボウルにBを入れ、ゴムべらでざっと混ぜてなじませる。Aを加え、底から大きくすくい返すようにして10〜15回、粉けがなくなり、全体がまとまるまで混ぜる。

4. まな板に*3*をのせる。指で軽く押さえて横長の長方形に広げ、生地の奥と手前、左右を折り返す。これを3〜4回繰り返し、めん棒で横21×縦16cmほどの長方形にのばす。

抹茶のアーモンドクリームと
ラムレーズンのロールスコーン

matcha / almond cream / rum raisin

材料（直径6cm 6個分）

[抹茶アーモンドクリーム]
- アーモンドパウダー ── 60g
- てんさい糖 ── 20g
- 抹茶パウダー ── 小さじ2
- メープルシロップ ── 小さじ2
- 豆乳（成分無調整）── 小さじ5
- 植物油 ── 小さじ4

A
- 植物油 ── 50㎖
- 豆乳（成分無調整）── 80㎖
- 酢 ── 小さじ1と1/2

B
- 全粒薄力粉 ── 100g
- 薄力粉 ── 30g
- てんさい糖 ── 15g
- ベーキングパウダー ── 小さじ2
- 塩 ── ひとつまみ

C
[ラムレーズン]
- レーズン ── 30g
- ラム酒 ── 適量
- くるみ（ロースト済み）── 15g

下準備

- ラムレーズンを作る。レーズンは浸るくらいのラム酒に5〜6時間漬け、汁けをきる。
- くるみは手で粗く割る。
- まな板に打ち粉適量（分量外）をふる。
- 天板にオーブン用シートを敷く。
- オーブンは適当なタイミングで180℃に予熱する。

5. 奥は2cmほど、残りの3辺は5mmほどを残して*1*の抹茶アーモンドクリームを均一に塗り、抹茶アーモンドクリームの上にCを散らす。手前から巻き、巻き終わりをつまんで閉じる。

6. 巻き終わりを下にし、長さを6等分に切る。寝かせて天板にのせ（両端は断面を上にする）、予熱したオーブンで20分ほど焼く。指ではさんで押してみて、中心がやわらかくなければOK。オーブン用シートごと網にのせる。

クリームチーズとコーヒーの
ロールスコーン

ほどよい酸味のクリームが
コーヒーの風味を引き立て絶妙のバランスに

材料（直径6cm 6個分）

- A　クリームチーズ —— 80g
　　てんさい糖 —— 20g
　　レモン果汁 —— 小さじ1/4
- B　植物油 —— 50ml
　　豆乳（成分無調整）—— 80ml
　　酢 —— 小さじ1と1/2
- C　全粒薄力粉 —— 100g
　　薄力粉 —— 30g
　　てんさい糖 —— 15g
　　ベーキングパウダー —— 小さじ2
　　塩 —— ひとつまみ
- インスタントコーヒー（粗いもの）—— 大さじ1
- ホワイトチョコチップ —— 30g
- インスタントコーヒー（粉末）—— 小さじ1/3

クリームチーズ

生クリーム（またはクリームと牛乳）が原料のフレッシュチーズ。きめが細かく、ほのかな酸味となめらかな舌触りが特徴。

下準備

- クリームチーズは常温にもどす。
- まな板に打ち粉適量（分量外）をふる。
- 天板にオーブン用シートを敷く。
- オーブンは適当なタイミングで180℃に予熱する。

Note

- フィリング用のインスタントコーヒーは粗いものを使用。つぶつぶとした舌触りが食感のアクセントになる。

作り方

1. ボウルにAを入れ、ゴムべらでなめらかになるまでよく練り混ぜる（a）。

(a)

2. 別のボウルにBを入れ、泡立て器で全体がなじむまでよく混ぜる。

3. さらに別のボウルにCを入れ、ゴムべらでざっと混ぜてなじませる。Bを加え、底から大きくすくい返すようにして10〜15回、粉けがなくなり、全体がまとまるまで混ぜる。

4. まな板に3をのせる。指で軽く押さえて横長の長方形に広げ、生地の奥と手前、左右を折り返す。これを3〜4回繰り返し、めん棒で横21×縦16cmほどの長方形にのばす。

5. 奥は2cmほど、残りの3辺は5mmほどを残してAを均一に塗り、Aの上にインスタントコーヒー大さじ1をふる。手前から巻き、巻き終わりをつまんで閉じる。

6. 巻き終わりを下にし、長さを6等分に切る。寝かせて天板にのせ（両端は断面を上にする）、予熱したオーブンで20分ほど焼く。指ではさんで押してみて、中心がやわらかくなければOK。オーブン用シートごと網にのせて冷ます。

7. ホワイトチョコチップとインスタントコーヒー小さじ1/3は一緒に湯せんで溶かし、スコーンにかける。

クリームチーズとジャムのロールスコーン

抹茶パウダーを生地に混ぜ込んだ上品な味のスコーン
ジャムの代わりにあんこを使ってもよく合います

材料（直径6cm 6個分）

- A
  - クリームチーズ — 80g
  - てんさい糖 — 20g
  - レモン果汁 — 小さじ1/4
- B
  - 植物油 — 50mℓ
  - 豆乳（成分無調整）— 80mℓ
  - 酢 — 小さじ1と1/2
- C
  - 全粒薄力粉 — 50g
  - 薄力粉 — 80g
  - 抹茶パウダー — 大さじ1
  - てんさい糖 — 15g
  - ベーキングパウダー — 小さじ2
  - 塩 — ひとつまみ
- ジャム（アプリコットなど）— 40g

下準備

- クリームチーズは常温にもどす。
- まな板に打ち粉適量（分量外）をふる。
- 天板にオーブン用シートを敷く。
- オーブンは適当なタイミングで180℃に予熱する。

作り方

1. ボウルにAを入れ、ゴムべらでなめらかになるまでよく練り混ぜる。

2. 別のボウルにBを入れ、泡立て器で全体がなじむまでよく混ぜる。

3. さらに別のボウルにCを入れ、ゴムべらでざっと混ぜてなじませる。Bを加え、底から大きくすくい返すようにして10〜15回、粉けがなくなり、全体がまとまるまで混ぜる。

4. まな板に3をのせる。指で軽く押さえて横長の長方形に広げ、生地の奥と手前、左右を折り返す。これを3〜4回繰り返し、めん棒で横21×縦16cmほどの長方形にのばす。

5. 奥は2cmほど、残りの3辺は5mmほど残してA、ジャムの順に均一に塗る。手前から巻き、巻き終わりをつまんで閉じる。

6. 巻き終わりを下にし、長さを6等分に切る。寝かせて天板にのせ（両端は断面を上にする）、予熱したオーブンで20分ほど焼く。指ではさんで押してみて、中心がやわらかくなければOK。オーブン用シートごと網にのせる。

Note

- 抹茶の色がきれいに出るよう、薄力粉の量を多くしている。
- ジャムは硬めのものだと巻きやすい。ゆるい場合は少し煮詰めるとよい。

cream cheese / matcha / jam

香菜、ごま、しょうがの
セイボリーロールスコーン

強い香りのもの同士を合わせた食事用のロールスコーン
白ワインやビールのお供に最適です

材料（直径4cm 16個分）

［ ジンジャーごまペースト ］
- 練りごま（白） —— 40g
- しょうが —— 20g
- 塩 —— 小さじ1/3

A
- 植物油 —— 50mℓ
- 豆乳（成分無調整） —— 80mℓ
- 酢 —— 小さじ1と1/2

B
- 全粒薄力粉 —— 100g
- 薄力粉 —— 30g
- てんさい糖 —— 15g
- ベーキングパウダー —— 小さじ2
- 塩 —— 小さじ1/2
- 香菜 —— 15g
- いりごま（白） —— 大さじ1と1/2

香菜 —— 10g

下準備

- しょうがはすりおろす。
- 香菜15gと10gはそれぞれ粗く刻む。
- まな板に打ち粉適量（分量外）をふる。
- 天板にオーブン用シートを敷く。
- オーブンは適当なタイミングで180℃に予熱する。

作り方

1. ジンジャーごまペーストを作る。ボウルにジンジャーごまペーストの材料を入れ、ゴムべらでなめらかになるまでよく混ぜる。

2. 別のボウルにAを入れ、泡立て器で全体がなじむまでよく混ぜる。

3. さらに別のボウルにBを入れ、ゴムべらでざっと混ぜてなじませる。Aを加え、底から大きくすくい返すようにして10〜15回、粉けがなくなり、全体がまとまるまで混ぜる。

4. まな板に3をのせる。指で軽く押さえて横長の長方形に広げ、生地の奥と手前、左右を折り返す。これを3〜4回繰り返し、めん棒で横35×縦15cmほどの長方形にのばす。

5. 奥は2cmほど、残りの3辺は5mmほどを残して1のジンジャーごまペーストを均一に塗り、ジンジャーごまペーストの上に香菜10g分を散らす（a）。手前から巻き、巻き終わりをつまんで閉じる。

6. 巻き終わりを下にし、長さを16等分に切る（b）。寝かせて天板にのせ（両端は断面を上にする）（c）、予熱したオーブンで15分ほど焼く。指ではさんで押してみて、中心がやわらかくなければOK。オーブン用シートごと網にのせる。

Note

- セイボリー生地に使う植物油は、塩と相性のよいオリーブオイルがおすすめ。
- おつまみや前菜向けにサイズを小さくした。生地を巻くのが難しい場合は半量で作り、のばす長さを短くしても構わない。

(a) (b) (c)

ハーブとチーズのセイボリーロールスコーン

ワインと一緒に楽しめるよう
フィンガーフードとして小さめに成形しました

材料（直径5cm 16個分）

A | 植物油 — 50ml
  | 豆乳（成分無調整） — 80ml
  | 酢 — 小さじ1と1/2

B | 全粒薄力粉 — 100g
  | 薄力粉 — 30g
  | てんさい糖 — 15g
  | ベーキングパウダー — 小さじ2
  | 塩 — 小さじ1/2
  | 好みのハーブ（ローズマリー、タイム、ディルなど） — 合計10g

好みのチーズ（チェダー、モッツァレラ、マリボーなど） — 60g

下準備

- ハーブは葉を摘み、大きいものは粗く刻む。
- チーズは短冊切りにする。
- まな板に打ち粉適量（分量外）をふる。
- 天板にオーブン用シートを敷く。
- オーブンは適当なタイミングで180℃に予熱する。

作り方

1. ボウルにAを入れ、泡立て器で全体がなじむまでよく混ぜる。

2. 別のボウルにBを入れ、ゴムべらでざっと混ぜてなじませる。Aを加え、底から大きくすくい返すようにして10〜15回、粉けがなくなり、全体がまとまるまで混ぜる。

3. まな板に2をのせる。指で軽く押さえて横長の長方形に広げ、生地の奥と手前、左右を折り返す。これを3〜4回繰り返し、めん棒で横35×縦15cmほどの長方形にのばす。

4. 奥は5cmほど、手前は3cmほどを残してチーズを等間隔で横3列に並べる（a）。手前から巻き、巻き終わりをつまんで閉じる。

(a)

5. 巻き終わりを下にし、長さを16等分に切る。寝かせて天板にのせ（両端は断面を上にする）、予熱したオーブンで15分ほど焼く。指ではさんで押してみて、中心がやわらかくなければOK。オーブン用シートごと網にのせる。

Note

- チーズはすりおろし、生地全体にふって巻いてもOK。ピザ用チーズでも作れる。モッツァレラチーズを使用する場合はセミハードタイプを使うのがおすすめ。
- 生地を巻くのが難しい場合は半量で作り、のばす長さを短くしても構わない。

今井ようこ
（いまい・ようこ）

東京・深川生まれ。野菜料理中心の料理教室「roof」主宰。製菓学校を卒業したのち、株式会社サザビーにてアフタヌーンティー・ティールームの商品企画・開発を担当。2003年に独立し、カフェのメニュー開発や、パン、ケーキの受注生産を手がける。著書に『ノンシュガー&ノンオイルで作るアイスクリーム、シャーベット』（主婦の友社）、『roofのやさしい焼き菓子教室』（河出書房新社）など。http://www.roof-kitchen.jp

撮影　三木麻奈
デザイン　野本奈保子（ノモグラム）
スタイリング　佐々木カナコ
文　佐藤友恵
校閲　安藤尚子　河野久美子
編集　小田真一

撮影協力
UTUWA
http://www.awabees.com

ふわふわマフィンとくるくるスコーン

著　者　今井ようこ
編集人　小田真一
発行人　倉次辰男
発行所　株式会社主婦と生活社
　　　　〒104-8357 東京都中央区京橋3-5-7
　　　　［編集部］☎ 03-3563-5321
　　　　［販売部］☎ 03-3563-5121
　　　　［生産部］☎ 03-3563-5125
　　　　http://www.shufu.co.jp
製版所　東京カラーフォト・プロセス株式会社
印刷所　大日本印刷株式会社
製本所　株式会社あさひ信栄堂

ISBN978-4-391-15205-0

十分に気をつけながら造本していますが、落丁、乱丁本はお取り替えいたします。お買い求めの書店か、小社生産部にお申し出ください。

Ⓡ本書を無断で複写複製（電子化を含む）することは、著作権法上の例外を除き、禁じられています。本書をコピーされる場合は、事前に日本複製権センター（JRRC）の許諾を受けてください。また、本書を代行業者等の第三者に依頼してスキャンやデジタル化をすることは、たとえ個人や家庭内の利用であっても、一切認められておりません。
JRRC　https://jrrc.or.jp
Eメール：jrrc_info@jrrc.or.jp　TEL: 03-3401-2382

Ⓒ YOKO IMAI 2018　Printed in Japan